TARÔ

O GUIA PARA LEITURA INTUITIVA

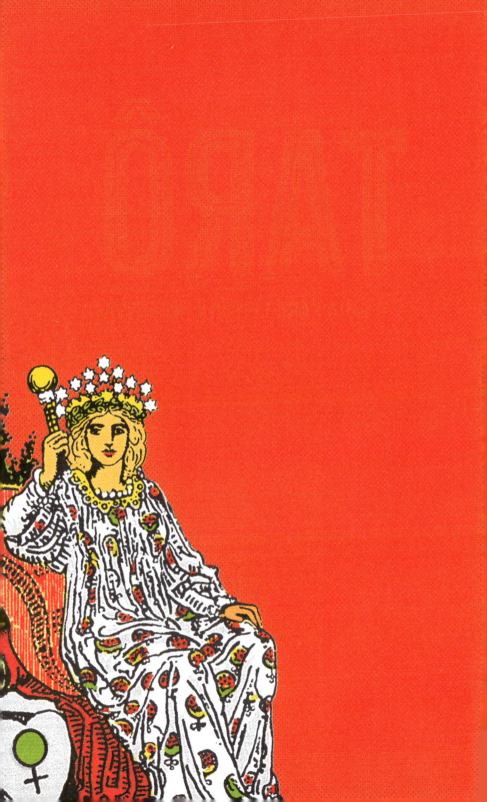

O GUIA PARA LEITURA INTUITIVA

*Significados das cartas,
tiragens e exercícios para leituras fluidas*

· ·

STEFANIE CAPONI

Tradução
GABRIELA VENTURA

mantra

All rights reserved including the right of reproduction in whole or in part in any form.
Published in the United States by Zeitgeist, an imprint of Zeitgeist™,
a division of Penguin Random House LLC, New York. penguinrandomhouse.com
Zeitgeist™ is a trademark of Penguin Random House LLC

Copyright da tradução e desta edição © 2022 by Edipro Edições Profissionais Ltda.

Título original: *Guided Tarot: a beginner's guide to card meanings, spreads, and intuitive exercises for seamless readings*. Publicado originalmente em Nova York, em 2020.

Todos os direitos reservados. Nenhuma parte deste livro poderá ser reproduzida ou transmitida de qualquer forma ou por quaisquer meios, eletrônicos ou mecânicos, incluindo fotocópia, gravação ou qualquer sistema de armazenamento e recuperação de informações, sem permissão por escrito do editor.

Grafia conforme o novo Acordo Ortográfico da Língua Portuguesa.

1ª edição, 3ª reimpressão 2025.

Editores: Jair Lot Vieira e Maíra Lot Vieira Micales
Coordenação editorial e edição de texto: Fernanda Godoy Tarcinalli
Revisão: Brendha Rodrigues Barreto
Diagramação: Aniele de Macedo Estevo e Karine Moreto de Almeida
Arte da capa: Lumiar Design
Arte original (imagens das cartas e da capa): Pamela Colman Smith
Design original (projeto gráfico): Almee Reck
Adaptação de projeto gráfico: Equipe Edipro

Dados Internacionais de Catalogação na Publicação (CIP)
(Câmara Brasileira do Livro, SP, Brasil)

Caponi, Stefanie

    Tarô : o guia para leitura intuitiva : significados das cartas, tiragens e exercícios para leituras fluidas / Stefanie Caponi ; tradução Gabriela Ventura. – 1. ed. – São Paulo : Mantra, 2022.

    Título original: Guided Tarot.
    ISBN 978-65-87173-21-4 (impresso)
    ISBN 978-65-87173-22-1 (e-pub)

    1. Cartomancia 2. Tarô 3. Tarô – Estudo e ensino I. Título.

22-105903   CDD-133.32424

Índice para catálogo sistemático:
1. Tarô : Artes divinatórias :
Ciências esotéricas : 133.32424

Eliete Marques da Silva – Bibliotecária – CRB-8/9380

mantra.

São Paulo: (11) 3107-7050 • Bauru: (14) 3234-4121
www.mantra.art.br • edipro@edipro.com.br
@editoramantra

O livro é a porta que se abre para a realização do homem.
Jair Lot Vieira

Para o meu parceiro Sean,
que sempre me oferece
todo apoio possível.

Agradecimentos

GOSTARIA DE EXPRESSAR a minha gratidão
a Robie Evangelista por abrir as portas
da possibilidade com um ato de generosidade;
aos meus incríveis editores Meg Ilasco e Sally McGraw
e à equipe da Penguin Random House, que trouxeram
este projeto à vida e me ensinaram muito;
ao meu parceiro Sean Ryan, por me oferecer espaço
para criar, defendendo sempre o meu processo;
e ao meu coven de bruxas de tarô, que me mostrou
o verdadeiro significado da amizade
e da comunidade mágica.

Sumário

Introdução • 8

1 ✳ ENTENDENDO O TARÔ 11

2 ✳ COMO FAZER UMA LEITURA 20

3 ✳ TIRAGENS DE TARÔ 34

4 ✳ ARCANOS MAIORES 55

5 ✳ ARCANOS MENORES – COPAS 101

6 ✳ ARCANOS MENORES – OUROS 131

7 ✳ ARCANOS MENORES – ESPADAS 161

8 ✳ ARCANOS MENORES – PAUS 191

Guia de Referência Rápida • 221

Recursos • 236

Sobre a autora • 239

INTRODUÇÃO

Eu era apenas uma adolescente quando consegui meu primeiro baralho de tarô, uma cópia do Rider Waite Smith. Era a única opção oferecida na pequena seção metafísica da livraria local. Embora eu não conhecesse ninguém que fosse leitor de tarô, me senti atraída pelas cartas. Eu estava de olho nelas fazia tempo, e depois que economizei dinheiro suficiente trabalhando como babá, consegui comprar o baralho e chamá-lo de meu. Mas como estávamos na era pré-internet, eu não sabia a quem perguntar sobre as cartas misteriosas, então passei horas espalhando-as no chão do meu quarto, admirando as artes e me debruçando sobre o livrinho enigmático que veio junto com elas.

Vinte anos depois: eu estava na carreira errada, no casamento errado e me sentia bloqueada emocional e criativamente. Tantas perguntas passavam pela minha cabeça. Como pude estar tão desalinhada com o que almejava por tanto tempo? Como eu poderia aprender a confiar na minha intuição e me guiar de volta para o caminho certo? Foi nesse momento crucial que voltei e reconstruí minha relação com o tarô. Nos dias que se seguiram ao fim do meu casamento, abri uma tiragem de três cartas, e aqueles arcanos quase voaram do baralho para mim: a *Morte*, o *Nove de Espadas* e, para a minha surpresa, o *Mago*. O Mago se tornou a minha inspiração enquanto desenvolvia meu guia interior e intuitivo, e deixei-me levar em uma incrível jornada de autodescoberta. Mais de 20 anos depois de tocar em um baralho pela primeira vez, o tarô me ensinou como honrar meu Eu Superior e celebrar meus dons únicos. Tornou-se central na minha vida. Eu comecei como estudante, depois me tornei professora e criei meu próprio baralho de tarô, o *Tarô da Lua Fora de Curso* (*The Moon Void Tarot*), junto com o guia que o acompanha. Foi uma forma de ajudar outras pessoas que estavam percorrendo jornadas de mudança de vida semelhantes a se comunicarem com o divino e se alinharem a novas realidades equilibradas.

Eu acredito que cada um de nós possui dons profundos, vindos de uma Fonte Superior. E nós temos o poder de desbloquear esses dons. O tarô é uma ferramenta que pode nos ajudar a fazer descobertas transformadoras. A relação que você adquire com a sua prática de tarô permitirá que você se conecte ao seu Eu Superior e com a Fonte Superior – quer você a chame de Divino, Deus, Universo ou por qualquer outro nome. O tarô é espiritual, não religioso, e oferece sua ajuda a todos que o procuram.

Com este livro, minha intenção é ajudá-lo a se sentir confortável lendo o tarô perfeitamente e com facilidade. Eu teria adorado ter um livro como este no começo da minha própria jornada de tarô! Eu sei o quão assustador foi aprender as cartas – todas as 78 – pela primeira vez. O que torna este livro diferente de outros guias de tarô para iniciantes é que ele inclui exercícios projetados para ajudar a nutrir e aumentar a sua intuição e o seu relacionamento com o tarô. Assim como você vai à academia para exercitar seus músculos, você desenvolverá e fortalecerá a sua intuição conforme se envolve continuamente com a sua prática de tarô.

Este livro utiliza exemplos do clássico baralho Rider Waite Smith – o mesmo baralho que marcou o início da minha própria jornada de tarô – , mas você pode usar qualquer baralho de sua preferência. Vamos nos concentrar nos significados universais de cada carta, assim como utilizaremos sua intuição para canalizar seus próprios significados, em vez de memorizar o significado de cada arcano. Também recomendo que você tenha um diário para registrar seus exercícios e suas mensagens intuitivas enquanto trabalha com este livro. Ler o tarô é uma mistura personalizada de conhecer as cartas, ouvir seu coração e confiar em sua própria intuição para orientação. Essa combinação permite que as cartas comuniquem ideias e percepções que são única e exclusivamente para você.

Tenho a honra de compartilhar meu conhecimento de tarô e oferecer este livro como um guia para apoiá-lo ao longo de sua jornada de tarô. Eu encorajo você a ler este livro sem pressa, fazendo pausas para completar os exercícios, assim como contemplar as cartas, segurando-as em suas mãos. Conforme avança no livro, você pode ser surpreendido com a rapidez com que começará a entender as cartas enquanto aprende mais sobre si mesmo no processo. Em breve, você estará confiante para fazer leituras para si mesmo e até para os seus amigos. Então pegue o seu baralho e vamos começar!

CAPÍTULO 1

Entendendo o tarô

COMEÇAR COM O tarô é emocionante!
Pode ser como aprender um novo idioma que conecta
você com todo o universo. Mas antes de começar
a embaralhar suas cartas e tirar arcanos, vamos
repassar o básico, incluindo uma breve história
do tarô, a estrutura do baralho, e como limpar e
sintonizar suas cartas. Nós também vamos cobrir
questões importantes, tais como: de que forma
trabalhar com responsabilidade com o tarô,
e por que o tarô é significativo na sua própria vida.

COMO O TARÔ FUNCIONA

O tarô é mais do que apenas um baralho ilustrado para ser usado como entretenimento. Quando usado intencionalmente, torna-se um conduíte. O próprio baralho assume um significado profundamente pessoal quando infundido com a energia do indivíduo que trabalha com ele. Pode ser uma ferramenta importante para autodescoberta e para aprofundar o seu conhecimento espiritual. Pense nisso como um dispositivo de comunicação que conecta você ao divino – e você pode se conectar a qualquer hora! Para mim, o tarô tem sido um sistema de apoio seguro, que me permite olhar para o meu passado e, ao mesmo tempo, me ajuda a manifestar a vida dos meus sonhos. Também me ajudou a ficar mais ciente das minhas relações internas e necessidades externas. Cultivando uma forte conexão comigo mesma, sou capaz de atrair mais relacionamentos e oportunidades significativas.

Uma coisa que o tarô não faz é prever ou contar sobre o futuro. Em vez disso, o tarô oferece a confirmação da sua intuição, que então o capacita a seguir em frente na vida de uma forma que fala à sua verdade e se alinha ao seu propósito. Construir uma prática de tarô responsável significa aprender a fazer perguntas produtivas durante as suas leituras e, em seguida, usar a sua intuição para interpretar as mensagens que você recebe e manter a consciência da energia em torno da situação, para que você seja capaz de se ajudar e ajudar os outros na tomada de decisões com clareza, que levam a ações alinhadas. Às vezes você pode não obter a resposta que gostaria de ouvir, já que o tarô geralmente aponta para áreas que precisam de atenção para que você alcance um resultado desejável. Tente permanecer flexível e aberto. As respostas para muitas das perguntas da vida não são pretas e brancas, então não espere que seu baralho ofereça um "sim" ou "não" como resposta. Em vez disso, confie na sua intuição; esse será seu melhor trunfo para interpretar as cartas. Observe como você se sente e o que vem à mente quando você observa a arte dos arcanos, e permita que essa reação determine se você está no caminho certo ou se precisa fazer alguns reajustes de rota.

ESTÁ NAS CARTAS

A maioria dos tarôs contém um total de 78 cartas: 22 cartas chamadas de Arcanos Maiores e 56 cartas chamadas de Arcanos Menores. A palavra "arcano" é derivada da raiz latina *arcanus*, que significa "segredo", e se refere ao corpo de conhecimento misterioso ou especializado que apenas poucas pessoas selecionadas possuem. Como você pode imaginar, os Arcanos Maiores têm mais importância que os Arcanos Menores. Alguns baralhos modernos possuem cartas extras criadas pelo autor, mas, neste livro, vamos lidar especificamente com os 78 clássicos Arcanos Maiores e Menores.

Quando o Rider Waite Smith foi criado, ele seguiu a conformidade de gênero daquele tempo. Este livro usa, portanto, pronomes como "ele" e "ela" para descrever as figuras mostradas, baseando-se na apresentação do trabalho criado em 1909, mas isso não reflete a fluidez moderna da identidade de gênero.

ARCANOS MAIORES

As 22 cartas que constituem os Arcanos Maiores representam eventos significativos da vida. As cartas de 0 a 21 te levam em uma jornada, mostrando a energia presente tanto em níveis internos quanto externos, individual e coletivamente.

ARCANOS MENORES

As 56 cartas restantes representam influências cotidianas na vida. Ainda que estas energias possam ser menos significativas, elas são como fios que entrelaçam as nossas vidas, auxiliando-nos na tomada de decisões e em um conhecimento mais profundo sobre nós mesmos. Existem quatro naipes elementares que compõem os Arcanos Menores: *Copas*, *Paus*, *Espadas* e *Ouros**. Cada um dos naipes contém 10 cartas numeradas, do Ás ao Dez.

* O naipe de *ouros* também é comumente traduzido por *pentáculos* no português. (N.E.)

CARTAS DA CORTE

Cada naipe que compõe os Arcanos Menores também contém quatro cartas da corte, tal qual um baralho comum. Estas cartas representam o próximo nível de energia dentro de seus respectivos naipes, o que significa que são consideradas mestres de seus naipes, e são mais poderosas do que as cartas numeradas. Cada uma das cartas da corte já enfrentou as lições retratadas entre o Ás e a carta Dez, e carregam a sabedoria e a experiência com elas. O Valete, o Cavaleiro, a Rainha e o Rei têm seus próprios níveis de maturidade e talentos, dando-lhes mais peso do que as cartas numeradas. Vamos explorar os elementos duplos das cartas da corte nos próximos capítulos. Às vezes elas representam uma pessoa específica, um aspecto de você mesmo ou uma energia em torno de uma situação.

EXERCÍCIO

Seu relacionamento com o Tarô

Durante as minhas primeiras experiências com a minha prática de tarô, me fiz muitas perguntas, e as respostas a essas perguntas me ajudaram a desenvolver o meu relacionamento com o tarô. Fiquei surpresa ao ver como as respostas que descobri eram conflitantes e, ao mesmo tempo, me ofereciam suporte, como se eu estivesse fazendo um progresso importante no autoconhecimento. Fazer e responder perguntas me permitiu entrar em contato comigo mesma em um nível mais profundo, e cultivar a minha espiritualidade. A curiosidade substituiu o julgamento, velhas feridas foram curadas, o medo se transformou em amor e a vida floresceu. Da mesma forma, seu relacionamento com o tarô tem o potencial de se desenvolver em algo muito profundo e significativo. Ao embarcar nesta jornada, pare um momento para refletir em um diário. Pense nas suas intenções com a sua prática de tarô. Considere os seguintes pontos e escreva livremente tudo o que vier à sua mente. Não há respostas certas ou erradas.

→ O que eu gostaria de ganhar com a minha experiência com o tarô?

→ Quais áreas da vida eu gostaria de melhorar usando o tarô?

→ Quais problemas ou desafios eu gostaria de deixar para trás com a ajuda do tarô?

→ Qual é a minha relação com a minha intuição neste momento?

→ O que espiritualidade significa para mim neste momento?

Se tudo der certo, depois de reservar algum tempo para escrever em seu diário, você terá alguma clareza sobre as suas intenções. Eu encorajo você a revisitar essas questões em vários estágios, até mesmo tirando uma carta de tarô para responder a cada pergunta e registrar as mensagens que você recebe. Observe como as suas respostas evoluem junto com a sua prática, como um meio de rastrear seu crescimento interior.

UMA BREVE HISTÓRIA DO TARÔ

O tarô existe há mais de 600 anos! Ao longo de seis séculos, seus significados e usos evoluíram. Em 1400, uma versão das cartas de tarô com quatro naipes, cartas da corte e arcanos maiores – semelhantes a um baralho de cartas tradicional – apareceu em várias partes da Europa. Nos anos 1800, cartas de tarô estavam sendo usadas como ferramentas de adivinhação nas práticas ocultas, o que é provavelmente a fonte da crença de que o tarô é uma ferramenta do mal. O baralho Rider Waite Smith foi desenhado pela ilustradora Pamela Colman Smith, a partir de instruções do acadêmico e místico A. E. Waite, e foi publicado pela Rider Company em 1909. Até hoje, este baralho tem as imagens de tarô mais icônicas e reconhecíveis do mundo. Enquanto o Rider Waite Smith usa imagens judaico-cristãs, o simbolismo delas transcende qualquer conotação religiosa, e inspirou a maioria dos baralhos lançados no século passado.

A popularidade do tarô aumentou ao longo da última década, em grande parte devido à curiosidade em torno da espiritualidade, da autocura e da compreensão da lei da atração. Uma ferramenta perfeita para a autodescoberta e para fazer mudanças em sua vida, porque ele ajuda você a cocriar com o universo em vez de deixar a vida ao acaso.

Você não precisa ser bem versado na história esotérica do tarô para começar a sua prática. Se você estiver interessado em aprender mais sobre a história, o ocultismo e o simbolismo religioso das cartas, consulte a seção **Recursos** (página 236).

ESCOLHENDO O SEU BARALHO

Mesmo que este livro utilize exemplos do Rider Waite Smith, não significa que você precisa usar este baralho.* A escolha de um baralho é uma decisão muito pessoal, e o baralho que você escolher deve refletir suas preferências pessoais. Existem muitos baralhos que podem ser escolhidos, variando radicalmente em estilos artísticos e conteúdo. Por exemplo, alguns baralhos têm imagens com muitas pessoas, alguns não têm pessoas e outros podem ter um único personagem que aparece por toda parte.

> * Eu reconheço que não é um baralho inclusivo, já que apresenta ilustrações apenas de personagens cisgêneros e brancos.

Considere quais estilos artísticos conversam com você. Você ama cores ou se sente atraído por preto e branco? Você se interessa por ilustrações detalhadas e intrincadas ou gosta mais de imagens simples e limpas? Você prefere o tradicional clássico ou o muito moderno? Assegure-se de que você escolherá um baralho com uma arte que o entusiasme e o faça sentir que suas experiências estão sendo representadas nele. Você vai passar um bom tempo com o seu tarô, então ele deve parecer como um amigo ou uma extensão de si mesmo.[*]

> [*] Para uma lista abrangente de sugestões de baralhos, consulte a seção Baralhos de Tarô, na página 237.

Você pode ter se deparado com a noção de que dá azar comprar o seu tarô – que um baralho deve ser um presente recebido de outra pessoa. Isso é meramente uma superstição, por isso não se deixe desencorajar. Comprar seu próprio baralho não diminui sua experiência. Selecionar e adquirir seu tarô é um movimento poderoso, então não espere que o universo coloque um em seu colo.

PURIFICANDO SEU BARALHO

O ritual de purificação do baralho é uma etapa importante. A purificação ajuda a limpar qualquer energia que pode ter sido impregnada ao baralho antes de você começar a trabalhar com ele. Isso ajuda você a se sintonizar com o seu tarô, fundindo a sua energia com a do próprio baralho para estabelecer uma ligação. Você vai querer purificá-lo logo depois de comprá-lo, e também adquirir o hábito de limpá-lo antes e depois de fazer as leituras.

A purificação pode ser feita de diversas formas, então você pode escolher uma que ressoe com você. Você pode registrar as etapas de purificação que experimentou e escrever em seu diário sobre como você se sentiu durante o processo.

FUMAÇA

Acenda um incenso de origem ética, como Artemísia ou Palo Santo, e passe seu baralho pela fumaça algumas vezes, até sentir que foi transmutada a energia previamente impregnada a ele. Isso pode ser feito antes ou depois das leituras.

CRISTAIS

O quartzo-transparente pode remover com eficácia qualquer energia supérflua para purificar o seu baralho. Basta colocar um cristal no topo do baralho antes e depois do uso. Você pode escolher deixar seu cristal no topo da pilha quando o armazena, para purificar a sua energia, ou colocar seu cristal no topo do baralho por vários minutos antes de usar e antes de guardar seu tarô. Você também pode usar turmalina-negra para limpar a energia negativa da mesma maneira. Certifique-se de que os cristais que você está usando recebam seu próprio tratamento purificador de vez em quando. Você pode fazer isso colocando-os em uma tigela com sal ou sob a lua nova ou cheia, mensalmente.

EXERCÍCIO

Entrevistando o seu baralho

Depois de purificar seu tarô, é hora de entrevistá-lo. Esta prática de conhecer cada carta irá ajudá-lo a estabelecer seu vínculo com o baralho. Comece embaralhando as cartas para ajudá-lo a sintonizar sua energia com a delas.* Então espalhe as cartas à sua frente ou passe por cada carta do baralho separadamente, interiorizando as imagens. Enquanto você olha para as cartas, perceberá que certas imagens "pularão" aos seus olhos.

> * Para obter mais detalhes sobre como fazer isso, consulte o Passo 2, na página 22.

Agora pegue o seu diário e faça as perguntas apresentadas a seguir. Puxe uma carta como resposta para cada pergunta, reservando alguns momentos para registrar as respostas que vêm à cabeça automaticamente quando você olha para a carta.

→ Que trabalho devemos fazer juntos?

→ O que você está fazendo aqui para me ensinar sobre mim?

→ O que você está fazendo aqui para me ensinar sobre o mundo?

→ Qual carta melhor descreve você como um baralho?

→ Qual carta me descreve melhor neste momento?

Com base nas cartas que você tirou e nas respostas a essas perguntas, defina uma intenção para a sua prática de tarô. Uma intenção é uma declaração positiva, que geralmente começa com "Eu sou" ou "Eu tenho", e declara o que você deseja. Por exemplo, "Eu estou profundamente conectado aos meus poderes intuitivos" e "Eu tenho acesso ilimitado ao meu próprio conhecimento interior" são duas intenções que proclamam positivamente o que você quer como se já fosse seu. Escreva sua intenção em seu diário e consulte novamente com frequência, percebendo a mudança uma vez que se torne verdade.

LUAR

Colocar seu baralho no peitoril da janela ou ao ar livre ao luar é uma maneira poderosa de recarregar e purificar seu tarô todos os meses. Isso pode ser feito durante a lua cheia ou a lua nova. Você pode escolher deixar o seu baralho ao luar durarte a noite ou por algumas horas. A energia da lua é potente; escolha o momento certo para você se conectar a essa energia.

SOPRO DE VIDA

Não subestime o poder da sua respiração! Ele pode ser usado para purificar e limpar o seu baralho. Faça duas a três inspirações profundas em sua barriga e expire pela boca diretamente em seu tarô, antes ou depois das leituras, para limpar a energia.

BATIDA

Usando os nós dos dedos, bata no topo do baralho duas vezes. A vibração e o som emitidos estão sincronizados com a sua frequência energética pessoal e podem purificar seu baralho de forma efetiva.

AS CARTAS E O PODER DA INTUIÇÃO

O tarô é uma ferramenta incrível para distinguir entre duas reações diferentes: uma é a intuição, que é composta por sentimentos viscerais e conhecimento interior vivenciado somaticamente (quer dizer, no seu corpo); a outra é o ego, que é composto de pensamentos e impulsos que vêm de sua mente e se concentram em mantê-lo seguro. Essas duas reações por vezes se chocam. Sua intuição pode ser dominada por tentativas do seu ego de mantê-lo dentro da sua zona de conforto.

A mente e o ego desejam segurança e respostas concretas; memorizar um significado prescrito para cada carta satisfaz essa necessidade. Embora haja valor em saber e recorrer aos resultados tradicionais das cartas, o tarô é uma forma recompensadora e segura para praticar a construção de sua intuição, e as leituras intuitivas costumam ser as mais reveladoras. Os exercícios contidos neste livro irão ajudá-lo a fortalecer sua intuição, permitindo ao seu ego gentilmente relaxar e deixar seu conhecimento interior brilhar. Quanto mais você pratica, permitindo que sua intuição o guie em direção aos significados das cartas, mais forte sua intuição se tornará. E, com o tempo, você aprenderá a realizar leituras de uma maneira que equilibra o seu conhecimento dos significados prescritos das cartas e os significados intuitivos que surgem como parte de cada sessão de leitura.

CRIANDO O SEU PRÓPRIO BARALHO

Projetar o seu próprio baralho é uma maneira incrível de fortalecer a sua relação pessoal com o tarô. Você pode usar uma variedade de mídias, e nenhuma habilidade artística é necessária! A colagem é uma forma divertida e acessível de criar um baralho do zero. Experimente com cores, textos e formas. Os Arcanos Maiores costumam ser um bom ponto de partida. Considere a energia de cada carta, uma de cada vez, enquanto reúne imagens e palavras para criar a essência do arcano, ou o que ele significa para você. Infundir a sua história em suas cartas pode ser um processo profundamente curativo e instrutivo.

Quando criei o meu próprio baralho, o *Tarô da Lua Fora de Curso*, eu o fiz apenas para mim. Comecei a me desenhar como O Louco: nua, com os olhos fechados e me afastando do oceano, carregando uma pequena trouxa sobre o meu ombro. É um baralho autobiográfico. Usar eu mesma como o único personagem unificador, incorporando cada arquétipo dos Arcanos Maiores, me ajudou a compreender e fortalecer a minha intuição, bem como o meu conhecimento de cada carta. Criar um tarô específico para a minha experiência de vida foi profundamente catártico, e me ensinou como sou resiliente e corajosa.

Se você não estiver pronto para criar um baralho inteiro, recomendo que comece criando apenas uma carta. Desenhe o contorno de uma carta em seu diário e, em seguida, escolha uma de suas cartas favoritas. Dentro do esboço, desenhe ou escreva palavras que incorporem o significado da carta para você. Por exemplo, se eu estivesse canalizando a minha Rainha de Paus interior, eu escreveria palavras como "Ardente", "Inspirada", "Enérgica", "Feroz" e "Bruxona". Esse tipo de criatividade lúdica pode melhorar a intuição e aliviar o estresse.

CAPÍTULO 2

Como fazer uma leitura

NÃO DEIXE QUE o fato de ser um iniciante te desencoraje. Todos podem fazer leituras de tarô! Na verdade, o ato de fazer sua primeira leitura está vinculado ao simbolismo do próprio baralho. Todas as cartas dentro de um tarô estão envolvidas na história, e a base dessa história é a jornada do Louco, que caminha para um território desconhecido, superando o medo e o autojulgamento. Isso é exatamente o que você deve fazer ao mergulhar no mundo das leituras.

SEU PAPEL COMO LEITOR

Quando você faz uma leitura para si mesmo, pratica um exercício de visualização da sua própria situação a partir de uma perspectiva elevada, ao mesmo tempo em que está imerso em sua experiência. Se você está sentindo emoções intensas, você pode tirar uma carta para interagir com essa energia. Por exemplo, você pode fazer perguntas a si mesmo como: "Sobre o que estou mais chateado agora?" ou "Como posso acalmar minha mente neste momento?". Se você se sentir confuso ou oprimido por aquilo que está sentindo, preste atenção à sua respiração para limpar a sua mente.

Respirar profundamente por duas ou três vezes e ouvir o som do ar entrar e sair do corpo o ajudará a receber respostas claras e úteis.

Ao ler para outra pessoa, defina a intenção de remover seus sentimentos para que você possa canalizar as mensagens de forma mais eficaz para o seu consulente (a pessoa para quem você está lendo). Seu papel é interpretar as cartas com base em seus significados estabelecidos, combinados com mensagens intuitivas que você recebe das imagens durante a sessão de leitura. Incentive o consulente a expressar quaisquer mensagens intuitivas que possa receber ao olhar para as cartas, mas não tente orientá-lo a dar uma resposta ou direção específicas. Não leve as reações de ninguém para o lado pessoal, já que você está apenas interpretando as cartas à sua frente. Se o consulente pedir a você instruções sobre como proceder, decida se você se sente confortável com a ideia de oferecer um plano de ação. Por exemplo, você pode pedir ao seu baralho uma mensagem sobre o próximo passo que o consulente pode tomar para resolver a situação. Tirar uma carta adicional, ou duas, pode ajudar a direcionar a conversa e ajudar você e o consulente a decidirem juntos o que vem após a leitura.

FAZENDO UMA LEITURA

Leituras claras e precisas têm de seguir um conjunto específico de etapas, incluindo aterramento, embaralhamento, corte e a disposição das cartas em um padrão de tiragem. Tradicionalmente os leitores de tarô escolhem tiragens específicas antes de começar suas leituras. O padrão mais popular é a Cruz Celta, com 10 cartas, mas tiragens simples de três cartas são perfeitas para iniciantes.*
Elas são mais fáceis de compreender, e criam a base para tiragens mais complexas ao longo do tempo.

  * Consulte o **CAPÍTULO 3 – Tiragens de tarô**, na página 34.

Antes de começar, reserve um momento para queimar um incenso ou acender uma vela, ou fazer respirações profundas enquanto segura o seu cristal favorito. Não há maneira certa ou errada de fazer isso; sua prática espiritual é única. A chave é fazer algo que ajude você a se abrir para canalizar mensagens claras.

PASSO 1: ATERRAMENTO

Aterrar sua energia antes de trabalhar com o seu baralho permite que você entre em contato com a energia universal durante as suas leituras. O processo de ancoragem conecta sua mente turbulenta ao seu corpo, e o seu corpo à terra. Respire fundo algumas vezes para limpar a sua mente; sinta a sua respiração preencher todo o seu corpo, do topo da sua cabeça até os seus pés. Em seguida, imagine seus pés conectados ao solo, visualizando raízes crescendo de seus pés para a terra. Volte para a sala enquanto abre os olhos e comece a leitura. Ao ler para outra pessoa, convide o consulente a se juntar a você, respirando juntos. Isso o sintoniza como leitor com a frequência energética do consulente, para que você possa canalizar mensagens em seu nome.

PASSO 2: EMBARALHANDO AS CARTAS

Embaralhar é o melhor método para sintonizar a sua energia com o seu baralho antes de uma leitura. Não há maneira certa ou errada de embaralhar, então sinta-se à vontade para experimentar até encontrar o seu estilo. Se as cartas caírem no chão enquanto você as embaralha ou se todo o baralho sair voando de suas mãos, tudo bem! Apenas vá em frente!

Ao ler para si mesmo, embaralhe as cartas até sentir a sua energia perfeitamente misturada com a energia do seu baralho. Continue movendo as cartas enquanto visualiza o assunto da sua consulta e defina a sua intenção para receber mensagens claras. Quando estiver lendo para outra pessoa, você pode embaralhar para ela ou fazer o consulente embaralhar para fundir a energia dele com as cartas. Eu prefiro embaralhar para os meus clientes, pois tenho confiança de que sou capaz de canalizar a energia deles por meio de uma prática de aterramento compartilhada, mas você pode não se sentir da mesma forma, especialmente se estiver começando.

PASSO 3: CORTANDO O BARALHO

Usando sua mão dominante (conhecida como a mão de ação), você irá cortar o baralho como outra forma de mesclar sua energia com as cartas. Isso significa que é sua a escolha de agir, enquanto ao mesmo tempo convida a orientação divina. Uma vez que você tenha embaralhado as cartas até o momento em que se sente confortável para parar de fazê-lo, corte o baralho em duas ou três pilhas do mesmo tamanho, usando sua mão de ação. Depois, junte as pilhas, transformando-as em uma pilha única novamente, ainda usando a sua mão de ação. Se você preferir que seu consulente interaja diretamente com as cartas, ele pode cortar o baralho e depois reuni-lo em uma única pilha.

PASSO 4: TIRANDO AS CARTAS

Quando o baralho estiver em uma pilha única, use sua mão não dominante (conhecida como a mão de intuição) para selecionar sua carta ou suas cartas. Você pode segurar as cartas e distribuí-las, espalhar o baralho sobre a mesa ou o chão à sua frente ou simplesmente escolher a partir do topo da pilha embaralhada, mas sempre use sua mão de intuição para puxar as cartas. Fique à vontade para experimentar e escolher o método que mais o agrada.

PASSO 5: DISPONDO AS CARTAS

Com a tiragem que você tem em mente,* você colocará as cartas nas posições padrão, fazendo uma pergunta por vez (ou dizendo o que cada posição significa) em voz alta ou na sua cabeça. Em seguida, tire a carta com a face voltada para baixo antes de passar para a próxima pergunta. Saber a posição enquanto você as distribui será útil quando você começar a trabalhar com tiragens mais complexas, como a Cruz Celta.

> * Consulte o CAPÍTULO 3 – Tiragens de tarô, na página 34.

Comece com tiragens mais simples, de três ou menos cartas, certificando-se de manter todas as cartas voltadas para baixo até que todas as perguntas tenham sido feitas. Isso lhe dará uma leitura mais precisa. Se você vir uma carta antes de fazer a próxima pergunta, sua energia pautará as cartas seguintes e anulará a sua intuição.

Você também pode usar uma carta significadora em suas leituras. Em vez de uma carta aleatória puxada do baralho, uma carta significadora é especificamente escolhida como guia para auxiliar na leitura. Tire a carta significadora do baralho e coloque-a com a face para cima, enquanto embaralha as cartas. Por exemplo, os Enamorados podem ser usados como significadores em uma leitura focada em romance, e a Justiça pode ser usada como significadora em uma leitura focada em uma questão ou disputa jurídica.

PASSO 6: VIRANDO AS CARTAS

Não existe jeito certo ou errado. Ao virar cada carta, reserve um momento para observar e reagir às imagens antes de consultar seu significado escrito. Se estiver lendo para você mesmo, escreva suas observações intuitivas no seu diário. Se você estiver lendo para outra pessoa, diga a ela o que você está captando, sem julgar a si mesmo.

PASSO 7: INTERPRETANDO AS CARTAS

Assim que todas as cartas necessárias para a tiragem escolhida estiverem dispostas à sua frente, observe como elas ficam juntas. Existe uma prevalência de um naipe em particular – Espadas, Copas, Ouros ou Paus? Quando mais de uma carta de qualquer naipe em particular aparece, mais podemos saber sobre o tipo de energia predominante na leitura. As cartas estão na vertical ou invertidas? Na vertical significa que a imagem aparece como pretendida, e invertida significa que a imagem está de cabeça para baixo. Dependendo da orientação da imagem, a carta terá um significado diferente.*

> * Para uma análise aprofundada de leituras invertidas, consulte a seção **Inversões**, na página 26.

Há algum Arcano Maior? Se essas cartas estivessem nos contando uma história, qual seria? Como suas posições na tiragem influenciam seus significados autônomos como cartas individuais? Tente criar uma narrativa para as cartas antes de confiar em suas descrições tradicionais*.

> * Para obter mais orientações sobre interpretação, consulte a seção **Como interpretar as cartas**, na página 25.

Durante suas leituras, você pode se esquecer dos significados tradicionais de certas cartas, isso é natural! Respire fundo, relaxe e deixe que a imagem da carta fale com você. Confie nas palavras, ideias e frases que ressoam.

PASSO 8: LIMPANDO O BARALHO

Ao fim de cada leitura, agradeço sempre às cartas pelas mensagens. Gratidão pela prática é tão essencial quanto definir sua intenção para uma leitura. Depois de agradecer o seu baralho, você pode limpar a energia dessa leitura específica batendo duas vezes em cima da pilha de cartas ou colocando um cristal transparente em cima dela. Ao ler para outra pessoa, considere uma limpeza com incenso de origem ética, além de seu método regular de limpeza de energia, para remover a energia do consulente do seu baralho.

PASSO 9: ARMAZENANDO SEU BARALHO

Alguns tarólogos guardam suas cartas de tarô em uma caixa de madeira ou bolsa de tecido; outros preferem colocá-lo de volta na própria caixa ou guardá-los em uma prateleira ou gaveta. Eu tenho uma prateleira dedicada aos meus baralhos de tarô e mantenho alguns em suas caixas. Meus baralhos mais preciosos são mantidos em sacos de tecido com um cristal de quartzo-transparente dentro. Proteger as cartas de dobras e rasgos é a parte mais importante do armazenamento. Pense sempre em quais itens ficam próximos ao seu baralho quando ele não está em uso. Por exemplo, manter as cartas em uma gaveta cercada por uma desordem aleatória pode não criar a melhor energia para receber mensagens. Em vez disso, guarde seu baralho em algum lugar que o inspire e lhe traga paz.

COMO INTERPRETAR AS CARTAS

Como você já sabe, existem duas maneiras principais de ler o tarô: entendendo os seus significados tradicionais e seguindo sua própria orientação intuitiva. À medida que avançamos para o mundo da interpretação, quero revisitar a importância de ambos os métodos de leitura.

Cada carta do baralho está associada a um conjunto de significados e termos-chave tradicionais, com um conjunto para a posição vertical e outro para a invertida. Uma vez que as imagens das cartas de tarô evocam arquétipos que apareceram em inúmeras histórias ao longo da história humana, esses significados tradicionais formam um fio condutor que passa por praticamente todos os baralhos. Neste livro vamos nos concentrar nesses significados universais compartilhados, em vez de mergulhar no simbolismo histórico detalhado. E quando você começar a ler e interpretar, consultar os significados tradicionais das cartas pode ajudá-lo a extrair informações de suas leituras, incluindo como as imagens de cada carta se relacionam com os naipes elementares, ou a importância ponderada de uma situação com base no número de Arcanos Maiores ou Menores que aparecem na tiragem.

Os significados intuitivos das cartas aparecem quando você se permite canalizar seus sentimentos e seu conhecimento interno. Sinta-se à vontade para consultar os significados tradicionais, mas não tenha medo de expressar suas ideias ou as interpretações que vierem naturalmente até você no curso de suas leituras. Quanto mais você se permitir expressar suas próprias interpretações únicas, mais forte será a sua conexão com a sua intuição. Tente se lembrar de usar o conhecimento e a intuição para criar uma experiência de leitura rica e significativa.

Não importa quais cartas você tira, é importante lembrar que você (e seus consulentes) têm livre-arbítrio sobre as suas escolhas. Se a leitura lhe diz algo preocupante, você pode optar por trabalhar com a energia ou trabalhar para transformá-la.

LEITURAS NARRATIVAS

Fazer uma leitura narrativa significa olhar para as cartas como um conjunto, para formar uma história. Tente fazer isso com tiragens menores, como as de três cartas. Por exemplo, quando você dispõe três cartas, você pode usar as palavras-chave tradicionais associadas a cada carta para construir uma frase. Por exemplo, se você selecionou o Louco, o Três de Paus e o Oito de Ouros, você obteria as palavras-chave "novo começo", "expansão" e "trabalho gratificante". Se você colocar os termos em uma frase pode chegar a algo como: "Um novo começo se abre para você expandir seu potencial para criar uma carreira mais gratificante". Você pode incorporar as mensagens intuitivas que recebe de cada carta para expandir suas sentenças simples também, deixando que elas ofereçam a você pistas sobre sentidos mais profundos.

INVERSÕES

Ao tirar uma carta, você notará a orientação da arte; ela se apresentará na direção vertical ou invertida (de cabeça para baixo). Quando um arcano aparece na leitura em sua forma invertida, o significado difere de sua posição vertical. Sua intuição desempenha um papel central para determinar a mensagem que a carta está tentando revelar a você. No início, ler inversões pode parecer opressivo. Sinta-se à vontade para ler todas as cartas na vertical pelo tempo que for necessário, até que você se sinta confortável ao incorporar inversões. Você também pode optar por simplesmente não ler inversões.

Na minha experiência, inversões podem ter significados diversos, e você pode permitir que sua intuição o guie até o sentido delas em uma sessão de leitura específica. Uma carta de tarô invertida pode apontar:

UM PERÍODO DE ESPERA A energia vertical da carta invertida pode ainda não estar pronta para que você a integre totalmente. Está a caminho, mas há algo que precisa ocorrer antes que o tempo dela chegue e ela se manifeste. Por exemplo, o Cavaleiro de Ouros invertido pode significar que uma nova e incrível oferta de emprego está por vir, mas vai demorar mais que o esperado. Seja paciente e permaneça otimista.

UMA BARREIRA PARA SEU SIGNIFICADO VERTICAL A carta invertida pode apontar para um bloqueio energético no que diz respeito à energia vertical. Por exemplo, o Ás de Copas invertido pode significar que um novo relacionamento é possível, mas primeiro você precisa ter certeza de que está colocando sua energia em amar a si mesmo, e cuidando de suas próprias necessidades.

INTERNO *x* EXTERNO A carta invertida pode apontar para algo que está acontecendo dentro, e não fora, de você. Por exemplo, o Seis de Espadas invertido pode indicar que você não se sente confortável falando sobre seus problemas, ou buscando o apoio das pessoas que se preocupam com você, e isso está te atrapalhando.

DIREÇÃO DA ENERGIA Digamos que você esteja fazendo uma leitura de Passado, Presente e Futuro, e a carta do meio (representando o presente) aparece invertida. As figuras ou os símbolos mostrados na carta do meio estão apontando para o passado ou para o futuro? Por exemplo, você pode tirar o Imperador para o passado, o Cavaleiro de Copas invertido para o presente e o Dois de Paus para o futuro. Note que o Cavaleiro invertido parece estar oferecendo a taça ao Imperador no passado em vez de para o Dois de Paus no futuro. Isso indica que você pode estar depositando sua energia (ou tentando consertar algo) no passado em vez de seguir em frente rumo a um novo começo.

CARTAS DA CORTE

Valete, Cavaleiro, Rainha e Rei são as cartas da corte, ou os mestres de seus naipes. Como mencionei no **CAPÍTULO 1 – Entendendo o tarô**, isso significa que eles já experimentaram as lições que começam no Ás e terminam com o Dez. As cartas da corte podem ser um desafio para a interpretação de certas pessoas, uma vez que tendemos a atribuir gênero aos papéis que elas representam, mas quando as cartas da corte aparecem na sua leitura, você pode lê-las intencionalmente como gênero neutro. Em vez de atribuir gênero, note a informação que elas proporcionam em relação ao domínio que possuem em seus naipes elementais. Aqui segue um breve resumo:

VALETES são iniciantes com a experiência de cada naipe específico, mas eles ainda não se tornaram o Cavaleiro, que parte para experimentar o mundo.

CAVALEIROS representam a velocidade elemental na qual os eventos ocorrem (o fogo queima mais rápido do que a água flui etc.). A missão do Cavaleiro é experimentar cada elemento e atingir o próximo nível de maestria.

RAINHAS possuem a energia receptiva de seus naipes, nutrindo e recebendo em um nível de talento que beneficia a si e aos outros de forma pura.

REIS têm a energia ativa de seus naipes, assumindo posições de poder e liderança a partir da experiência que possuem.

EXERCÍCIO

Leitura diária

Este ritual simples de leitura diária permite que você trabalhe com o tarô regularmente sem se sobrecarregar com perguntas e interpretações complicadas. No início, você pode ler todas as cartas na vertical, pois isso ajuda a formar uma base sólida de conhecimento, antes de introduzir inversões. Veja como a leitura diária de uma carta pode funcionar:

1. Depois de fazer uma xícara de café ou chá, pegue o seu diário e arrume seu espaço.

2. Limpe a energia do baralho e respire fundo algumas vezes para limpar a mente.

3. Conforme você as embaralha, simplesmente pergunte às suas cartas (silenciosamente ou em voz alta): o que eu preciso saber hoje? Em seguida, retire uma única carta do baralho, e dê a ela toda a sua atenção intuitiva.

4. Em seu diário, escreva sua carta do dia e os pensamentos que surgiram quando você a viu. Que sentimentos ou reações a imagem da carta criou para você?

Registrar seus pensamentos e sentimentos iniciais ao ver sua carta do dia ajuda você a trabalhar com a sua intuição. Espere até terminar de escrever tudo o que vier à mente antes de olhar o significado tradicional do arcano. Observe se esse significado é semelhante às suas mensagens intuitivas. O significado tradicional da carta confirma ou contradiz o que você sentiu inicialmente? Às vezes o significado tradicional e a sua intuição se contradizem. Na minha experiência, quando isso acontece, é um sinal para prestar atenção a questões em sua vida ligadas a esta carta específica. Acredite que cada carta é a mensagem certa para você a cada dia.

NUMEROLOGIA

Cada carta tem um número, e esses números podem oferecer orientação adicional ao seu significado. Há 22 cartas nos Arcanos Maiores, mas, para a Numerologia (o estudo de números e seus significados), todos os números de vários dígitos são reduzidos a números entre 1 e 10. Por exemplo, para obter o significado numerológico do Sol (carta número 19), você somaria 1 + 9 = 10. Veja a seguir as associações para cada número, familiarize-se com eles, e você pode adicionar esta camada de conhecimento às suas leituras. Eu descobri que me lembrar das correlações numerológicas de cada carta me ajuda a lembrar dos significados tradicionais delas, sem precisar consultá-los. Por exemplo, para mim é útil me lembrar que o Imperador está associado ao número 4, que se conecta com estrutura, estabilidade e fundação. Como um iniciante, se esta seção parecer muito complicada para você, pule-a por enquanto, e volte a ela quando se sentir pronto!

- 1 – O Indivíduo, Novo Começo
- 2 – Escolha, Dualidade, Parceria
- 3 – Criatividade, Colaboração, Comunidade
- 4 – Estrutura, Estabilidade, Fundação
- 5 – Mudança, Instabilidade, Perda
- 6 – Equilíbrio, Escolha, Harmonia
- 7 – Ação Inspirada, Mágica
- 8 – Infinito, Sucesso, Poder
- 9 – Solidão, Proximidade da completude
- 10 – Conclusão, Fim de Ciclo

PERGUNTAS FREQUENTES

Como professora de tarô, tenho encontrado todos os tipos de perguntas de alunos, assim como de clientes. Já me perguntaram: "Existem entidades das trevas presas nas cartas?" (Não!) e "Exatamente quantos bebês eu terei?" (Não é algo que o tarô possa revelar.) Alunos já me perguntaram como desenvolver um estilo próprio de leitura, ou qual baralho seria mais adequado para eles, e por aí vai. Aqui estão alguns exemplos de perguntas que surgem com frequência:

P: **Que tipo de perguntas devo fazer ao tarô?**

R: Faça perguntas produtivas, em vez de perguntas do tipo: Sim, Não, Quando, Como ou Por quê. Se você tiver problemas com isso no início, tente reformular seus pensamentos. Por exemplo, em vez de "Quando vou encontrar minha alma gêmea?", uma pergunta mais produtiva seria "Qual carta representa a minha energia de relacionamento neste momento?" ou "O que posso fazer para estar aberto e receptivo a um relacionamento amoroso saudável?". Ao questionar as cartas sobre dinheiro e carreira, em vez de perguntar "Quando receberei aumento?", experimente perguntas mais produtivas, como "Como devo concentrar minha energia para aumentar a minha renda?" ou "De que potencial oculto devo estar ciente para trazer novas oportunidades de riqueza para a minha vida?".

P: **As cartas podem prever eventos futuros?**

R: As cartas não preveem o futuro, mas oferecem informações sobre a energia disponível em torno de uma situação. Por exemplo, se um consulente está perguntando sobre um novo relacionamento e você tira o Três de Espadas, a energia que está cercando esta situação pode estar ainda em estágios de cura. A pessoa pretendida para este relacionamento pode não estar disponível emocionalmente ainda ou o consulente pode estar se recuperando de um término passado. Por outro lado, se você tirar o Dois de Copas, a energia da conexão mútua permeia a sua pergunta.

À medida que as cartas captam a sua energia, elas podem oferecer uma visão sobre o que é possível, mas tente não se concentrar exclusivamente nos resultados. Em vez disso, use as cartas para identificar forças em sua realidade presente que podem ajudá-lo a se mover em direção ao futuro que você gostaria de criar. Mesmo em uma leitura de Passado, Presente e Futuro, a carta que representa o futuro está mostrando o que é possível. Seu livre-arbítrio determinará como as mensagens futuras irão se concretizar.

P: Como dou mensagens difíceis ou dolorosas?

R: Antes de uma leitura, peça o consentimento do consulente para entregar quaisquer mensagens que surgirem, tanto negativas quanto positivas. Se você receber uma mensagem desfavorável, tire uma ou duas cartas adicionais sobre o que pode ser aprendido com a situação, ou se ela traz algum ponto positivo. Isso pode proporcionar conforto durante um momento difícil.

P: E se as mensagens não fizerem sentido?

R: Respire fundo – isso acontece com todo mundo! Se a sua energia está desfocada, as cartas podem refletir a falta de aterramento (ou do consulente). Após respirar fundo, tire uma ou duas cartas esclarecedoras. Essas cartas adicionais podem ajudar na compreensão de uma leitura confusa. Por exemplo, se você tirar a Rainha de Copas como carta de esclarecimento, observe se sua intuição o orienta para uma pessoa específica, ou para uma experiência emocional em sua própria vida. Então você saberá o que as cartas iniciais estavam tentando revelar. Ao fazer uma leitura para si mesmo, você sempre pode se afastar das cartas e escrever no diário sobre a sua leitura. Sua escrita pode levá-lo a um significado mais profundo, uma vez que você tenha esfriado a cabeça.

Durante uma leitura para outra pessoa, não tenha medo de pedir ajuda ao seu consulente. Seja aberto e transparente, diga a ele que as mensagens parecem estar em conflito e pergunte o que está se passando em seu momento de vida. A maior parte das pessoas trata as leituras de tarô como uma sessão de aconselhamento espiritual, e estão ansiosas para falar sobre seus sentimentos. Use as palavras do consulente como um contexto para as cartas que você tirou. Se ainda não fizerem sentido, é perfeitamente aceitável que você faça a limpeza das cartas, e reembaralhe-as. Aterre a sua energia com a de seu consulente e comece novamente. Você está começando, então não seja duro consigo mesmo; todos nós já passamos por isso.

P: Como faço para lidar com cartas negativas?

R: Reviravolta: não há cartas negativas! Cartas como a Morte, o Diabo e o Nove de Espadas podem parecer agressivas, uma vez que elas estão nos pedindo para lidarmos com os aspectos menos brilhantes de nossas vidas, mas elas não são inerentemente negativas ou ruins. Qualquer carta que nos incomode está apontando para uma área da vida em que há um desafio. Se analisarmos essas cartas com curiosidade em vez de medo, isso cria espaço para mais crescimento pessoal e cura.

EXERCÍCIO

Leituras focadas

Como leitor iniciante, pode ser difícil lembrar dos significados tradicionais de cada carta, e todas as facetas de sua interpretação. As leituras focadas podem remover parte dessa pressão ao permitir que você sintonize aspectos específicos das cartas. Certifique-se de registrar suas experiências com leituras focadas em seu diário de tarô: do que você gostou e o que você aprendeu. Saiba que você pode incorporar qualquer um desses métodos em sua prática de tarô, a qualquer momento.

LEITURA DE NÚMEROS

Esta leitura pede que você preste atenção apenas ao número de cada carta, e observe como o significado do número* realça a imagem e a energia da carta. Sem fazer qualquer pergunta, tire três cartas. Para cada carta que você tirar, veja se você consegue se lembrar do seu significado numerológico. Em uma tiragem, você também pode somar o valor de cada carta e usar o total como mensagem geral da leitura. Por exemplo, se você puxar o Sete de Ouros (7), a Justiça (11) e o Sol (19): 7 + 1 + 1 + 1 + 9 = 10. Dez significa a conclusão ou o fim de um ciclo. Você pode estar pensando: "Ótimo, o fim de um ciclo... mas o que vem depois?!". Para responder a isso, você pode dar um passo adiante e tornar o 10 um único dígito, adicionando os números individuais: 1 + 0 = 1. Um representa a força do indivíduo, o que significa que você tem tudo dentro de você para garantir o crescimento e o sucesso, e um novo começo está a caminho assim que o atual ciclo se completar.

* Consulte a seção Numerologia, página 29.

LEITURA DE CORES

A leitura de cores depende dos seus sentimentos intuitivos ao se relacionar com as cores de cada carta. A cor pode definir um tom emocional, então esta é uma ótima leitura para cultivar sua conexão emocional com o seu baralho. Mais uma vez, retire três cartas, sem nenhuma pergunta em sua mente. Ao olhar para cada carta, observe sua cor mais proeminente. Por exemplo, no baralho Rider Waite Smith, o Três de Espadas tem um fundo cinza melancólico com um coração vermelho brilhante no centro. Como isso faz você se sentir? Em seu diário, registre as cores que saltam imediatamente para você, e as emoções que elas inspiram.

EXERCÍCIO

O que você vê?

Você pode desenvolver sua intuição estudando as imagens de cada carta e anotando suas próprias interpretações em seu diário. Simplesmente escreva livremente seus sentimentos e as mensagens que surgirem para ancorar a experiência. O que fala com você? São as cores ou os símbolos específicos que você vê em uma carta em particular? Escreva em seu diário interpretações e sentimentos intuitivos. O que quer que venha até você é exatamente o que você deve receber, então tente não se questionar.

Nas seções posteriores deste livro, que contêm as definições e os significados das cartas, você encontrará uma pergunta adicional para o seu diário, para fazê-la a si mesmo sobre cada carta do baralho. Lembre-se de que o que você vê nas cartas é tão importante quanto seus significados tradicionais.

CAPÍTULO 3

Tiragens de tarô

NENHUM ASSUNTO ESTÁ fora dos limites no tarô,
então permita que as tiragens o ajudem em todos
os aspectos de sua jornada, de relacionamento a
finanças, para a espiritualidade e tomada de decisões.
Leitores iniciantes acham mais fácil começar com
tiragens mais simples, conforme se familiarizam
com seus baralhos. Você pode começar lendo uma
única carta a cada dia, e gradualmente aumentar
para tiragens de duas ou três cartas.
Conforme a sua confiança cresce, você pode
experimentar tiragens de cinco cartas e finalmente
abrir o caminho até a Cruz Celta.
Também é importante notar que as instruções para
as tiragens mais complexas neste capítulo supõem
que você tenha dominado as tiragens básicas.
Então, se você as pular, as instruções
podem parecer um pouco esparsas!
Essa é mais uma razão para se habituar
às tiragens diretas antes de avançar
para as mais intrincadas ao fim do capítulo.

Liberar e Reter

TIRAGEM DE 2 CARTAS

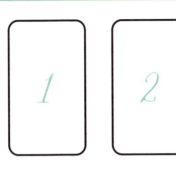

1. LIBERAR
O que está pronto para deixar a sua vida ou está monopolizando sua atenção e energia?

2. RETER
O que é necessário para o seu crescimento contínuo?

Esta poderosa tiragem de duas cartas é útil quando você está se sentindo preso entre confiar em velhos padrões ou hábitos e desenvolver novos. "Deixar ir" pode significar algo físico, como um relacionamento, um trabalho ou objetos da sua casa que precisam ser descartados para abrir espaço para algo novo que está pronto para entrar em sua vida. Também pode representar aspectos não físicos, como pensamentos e ideias sobre como achamos que nossas vidas deveriam ser.

Se um Arcano Maior aparecer em qualquer posição, ele representa uma área de desenvolvimento, enquanto um Arcano Menor mostra mudanças menores que podem ter um grande impacto. Ouça a sua voz interior enquanto observa sua primeira resposta emocional ao ver as cartas juntas. Escreva em seu diário os pensamentos que surgirem, juntos com quaisquer outras observações.

Você tem a opção de deixar a tiragem como está ou expandir a mensagem, fazendo perguntas adicionais e tirando uma carta para cada resposta.

→ Como posso me apoiar durante essas mudanças?
→ O que vem após a liberação?
→ O que eu estou pronto para receber em minha vida no lugar daquilo que estou liberando?

Dom e *Obstáculo*

TIRAGEM DE 2 CARTAS

1. DOM
Uma habilidade natural que você possui

2. OBSTÁCULO
Algo que pode estar bloqueando a manifestação do seu dom

O tarô pode ajudá-lo a descobrir seus dons naturais e a desenvolvê-los ainda mais. Esta tiragem de duas cartas está centrada em um talento que você pode não perceber que possui e em algo que pode estar impedindo a descoberta dele. Torne-se curioso acerca dos seus dons espirituais e abra a sua mente para o que você poderá descobrir.

Observe que tipos de cartas estão em ambas as posições. Um Arcano Maior tem mais peso em qualquer posição do que um Arcano Menor. Observe quais naipes elementais aparecem – se há Espadas, Copas, Ouros ou Paus em ambas as posições. Quando mais de uma carta de qualquer elemento aparece, ele pode apontar para o tipo de energia que predomina na leitura. Com isso em mente, use sua intuição; permita que as mensagens de cada carta revelem seus dons e o levem a confrontar como você pode estar desalinhado em relação a eles. Interprete o que você receber com curiosidade em vez de julgamento.

Você tem a opção de deixar a leitura como está ou expandir a mensagem, fazendo perguntas adicionais e tirando uma carta para cada resposta.

→ Como posso desenvolver mais esse dom?
→ O que pode ser feito para liberar o que está me atrapalhando?
→ Como posso integrar meus dons ao meu estilo de vida atual?

Conselho do Universo

TIRAGEM DE 3 CARTAS

1. O QUE VOCÊ PRECISA SABER
Algo significante a se prestar atenção sobre a situação ou o tema que se tem em mente, ou sobre sua vida de uma forma geral

2. UMA NOVA PERSPECTIVA
O que você pode não estar enxergando que te possibilite encontrar novas maneiras de modificar a situação

3. AÇÃO A SER TOMADA
Um passo a ser dado em favor de um resultado favorável

Esta tiragem de três cartas pode ser geral ou específica. Defina uma intenção em torno de algo que esteja incomodando você, ou simplesmente peça uma orientação geral ao universo quando você estiver se sentindo inseguro. Muitas vezes ficamos presos em padrões de pensamentos limitados, e uma tiragem como esta nos ajuda a ver as oportunidades de crescimento que estão sempre à nossa volta.

    Você pode considerar cada carta individualmente em relação à sua posição, mas esta tiragem também é eficiente para observar as cartas juntas como uma narrativa. Que história visual elas podem estar contando? Você pode construir uma frase que comece com a primeira carta, incorpora a segunda e termina com a terceira? Observe todos os elementos nas cartas que saltam diretamente aos seus olhos. Preste atenção às maneiras sutis que o universo usa para se comunicar com você por meio das cartas e de seus simbolismos. Conforme o seu dia passa, peça ao universo para continuar a lhe enviar mensagens relacionadas à leitura. Observe como sua situação começa a mudar e a se expandir, e registre suas experiências em seu diário.

Passado, Presente e Futuro

TIRAGEM DE 3 CARTAS

1. PASSADO
A energia do que já passou por você

2. PRESENTE
A energia da sua situação atual

3. FUTURO
Possível resultado ou influência adiante

Esta tiragem clássica de três cartas é uma ferramenta fantástica para checagens energéticas relacionadas a um assunto particular. Por exemplo, se você tem trabalhado para alcançar uma meta de carreira, você pode usar esta tiragem para ver onde você estava, onde está agora e para onde está se encaminhando. Esta tiragem pode ser usada para qualquer situação, incluindo relacionamentos pessoais, crescimento e situações de vida, apenas para citar alguns.

    Primeiramente, olhe para a carta na posição do Passado: é um Arcano Maior ou Menor? Está na vertical ou invertida? O que sua intuição lhe diz sobre esta carta? Ela ressoa com a situação que você tinha em mente ou aponta para um fator que você não levou em consideração? Registre suas reações iniciais para ajudá-lo a descobrir o significado desta carta, conforme necessário. Em seguida, olhe para a carta na posição do Presente, observando e registrando como você fez com a carta anterior, e seguindo as mesmas etapas para a carta que representa o Futuro.

    Finalmente, olhe para as três cartas em conjunto. Usando sua intuição, permita que elas contem uma história para você. Estas cartas parecem fluir? É um tema claro ou uma mensagem em si? Registre suas impressões em seu diário e observe se informações adicionais virão até você ao longo do dia.

Mente, Corpo e Espírito

TIRAGEM DE 3 CARTAS

1. MENTE
Pensamento racional, assim como a necessidade de certeza e segurança

2. CORPO
O que está em seu coração, a informação emocional intuitiva que você sente em seu corpo físico

3. ESPÍRITO
Sua conexão com o mundo etérico, o universo e o divino

Esta leitura oferece clareza e inspiração sobre os três componentes principais de sua existência – mente, corpo e espírito –, e as mensagens importantes que cada um deles tem a oferecer. Estar aberto às mensagens que chegam por meio de cada um desses canais permite que você aprenda a trabalhar com eles, o que, por sua vez, o faz dar o melhor de si todos os dias.

Saber a diferença entre o seu estado de espírito (a presença de sinais negativos ou padrões de pensamento positivo) em relação às emoções que podem ser sentidas em seu corpo (pressentimento, inquietação, excitação, tristeza etc.) é especialmente útil quando você se sente em conflito ou confuso sobre um determinado assunto. A carta do espírito ajuda você a entender as conexões entre o estado do seu corpo físico e o propósito superior da sua alma.

Nesta tiragem, observe cada carta separadamente em relação à sua posição. Você pode registrar em seu diário essas mensagens, aproveitando para explorar as intuições que chegam até você. Em seguida, considere as cartas como uma história sequencial, tomando nota das imagens, das cores e dos elementos de cada carta. Esta é uma excelente tiragem introdutória, uma vez que o incentiva a aprender sobre si mesmo, explorando sua paisagem interior, em vez de focar em ações externas.

Seu Relacionamento Existente

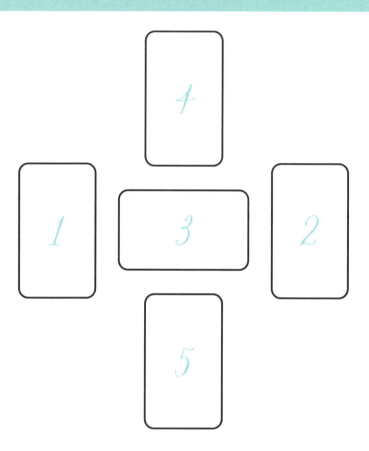

1. EU
Sua energia no relacionamento

2. A OUTRA PESSOA
A energia de seu parceiro no relacionamento

3. A PONTE
O que os conecta, para o bem ou para o mal

4. MAIOR POTENCIAL
O aspecto mais forte do relacionamento ou uma área que precisa ser nutrida e fortalecida

5. MENOR POTENCIAL
O ponto fraco da relação ou uma área que precisa ser trabalhada

TIRAGEM DE 5 CARTAS

Relacionamentos são um tópico popular no tarô. Ao fazer uma leitura relacionada ao amor ou a relacionamentos, é importante lembrar que você não pode controlar nada nem ninguém; você só pode controlar seu próprio comportamento, seus sentimentos e suas ações. Esta tiragem foca na energia que envolve o seu relacionamento atual, e oferece discernimentos e clareza sobre as áreas que podem ser fortalecidas ou liberadas, dependendo das circunstâncias únicas da sua situação. Esta tiragem pode ser usada para relacionamentos românticos, mas também para amizades, dinâmicas familiares e relações de negócios.

Primeiramente, olhe apenas as cartas que representam você e sua parceria. Que energia existe entre vocês dois? Parece complementar ou contraditória? Registre em seu diário quaisquer mensagens intuitivas que surjam.

Em seguida olhe para a terceira carta, que representa a ponte que os conecta. Há algo na imagem que evoca uma força, um traço ou uma experiência em comum que os une? Se houver duas figuras na imagem, o que elas estão fazendo? Como isso se conecta ao seu próprio relacionamento?

Finalmente, as cartas quatro e cinco lidam, respectivamente, com os aspectos de luz e sombra do relacionamento. É aqui que o trabalho deve ser feito para o relacionamento crescer e prosperar. A quarta carta mostra o que é mais forte no momento. Como o simbolismo nesta carta reflete um aspecto do seu relacionamento que funciona bem ou parece sólido? A quinta carta ilumina um aspecto que precisa de atenção ou cura. Olhe para as figuras e os símbolos na ilustração da carta e deixe sua mente fazer conexões. Existem pessoas na imagem ou representações de uma ação? Como você pode conectar novamente aspectos do seu relacionamento que parecem desalinhados?

Seu Potencial Relacionamento

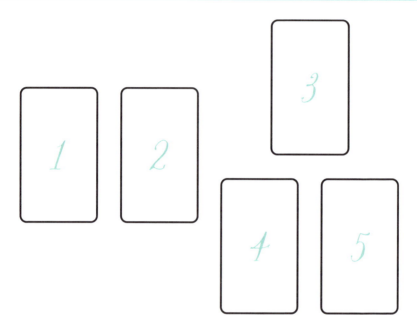

1. EU
Sua energia de relacionamento atual, ou a energia que você está emitindo em relação ao amor e a relacionamentos

2. O QUE O AMOR PEDE DE MIM
O que é preciso alinhar com o relacionamento que você está buscando

3. MENSAGEM DO UNIVERSO
Informações-chave do universo, dos seus guias espirituais, do seu Eu Superior ou do divino em relação ao seu potencial relacionamento

4. AÇÃO A SER TOMADA
Um passo a ser dado que se alinha com o seu potencial relacionamento

5. O QUE DEIXAR IR
Um confronto gentil com algo que está ocupando muito espaço energético e precisa ser liberado para criar espaço para o relacionamento funcionar

TIRAGEM DE 5 CARTAS

Lembre-se de que o tarô não prevê o futuro, mas ajuda na compreensão da energia que você traz ou precisa trazer para a sua vida para possibilitar certos resultados. Neste caso, com foco em atrair novos relacionamentos. Você pode estar procurando um amor ou uma nova oportunidade de trabalho, ou ainda a sua família/comunidade de alma – esta tiragem poderosa irá ajudá-lo a ver onde o crescimento, a ação e a liberação são necessários para manifestar o que você deseja. Ela te ajuda a entender onde você está no momento presente, para apresentar o potencial energético de novos relacionamentos.

Fragmente a tiragem, focando primeiro nas cartas um e dois, observando onde você está e o que é necessário para possibilitar o relacionamento desejado. As cartas vão captar emoções ocultas sutis, como tristeza subjacente, ansiedade, medo, prontidão ou entusiasmo. A carta três é uma mensagem do divino sobre a sua situação atual, fornecendo mais orientações sobre o que você aprendeu nas duas cartas anteriores. Depois de considerar as mensagens das três primeiras cartas, você pode olhar para as cartas quatro e cinco para ação e liberação. Reserve um momento para escrever em seu diário a respeito dessas mensagens, considerando sobre as maneiras possíveis de se trabalhar internamente, para efetuar mudanças interiores que levarão a mudanças manifestas em sua vida externa.

Como sempre, combine suas próprias interpretações das cartas com os significados tradicionais para tirar conclusões sobre as mensagens desta tiragem. Por exemplo, quando você está pensando na carta três – a carta da Mensagem do Universo – considere os temas, as cores, as figuras e os símbolos que você vê. Qual deles parece representar o divino? Que emoções a imagem evoca? Reflita por conta própria primeiro, antes de consultá-los.

Lei da Atração

1. CARTA SIGNIFICADORA*

Escolha uma carta baseada naquilo que você deseja manifestar

* Consulte o **Passo 5**, na página 23.

2. SUA ENERGIA ATUAL

Sua energia vibracional atual em relação ao que você deseja

3. A ENERGIA QUE VOCÊ PRECISA

A energia vibracional que você precisa atingir para realizar seus desejos

4. COMO ALINHAR-SE

A ação interna ou externa necessária para modificar sua energia para atingir seu desejo

5. DEIXANDO DE LADO O "COMO"

O que você precisa fazer para liberar o controle sobre o resultado, permanecendo aberto ao número ilimitado de maneiras pelas quais seu desejo pode se manifestar

TIRAGEM DE 5 CARTAS

Tudo e todos vibram em uma determinada frequência energética, e a forma como você se aproxima de situações e interações reflete sua própria energia de volta para você. Esta poderosa tiragem irá ajudá-lo a perceber a energia que você traz e entender como modificá-la para corresponder à frequência energética de seus desejos. Esta tiragem pode ser aplicada a carreira, finanças, romance, comunidade e boa saúde. O que você quiser atrair para a sua vida começa com o ato de alinhar-se a essa energia.

Comece com os sentimentos que surgem quando você vê sua carta significadora, que representa o seu desejo, em relação à carta que representa a sua energia atual. Escreva as suas mensagens intuitivas no diário. A carta quatro é a ponte entre as cartas dois e três; observe a narrativa visual das três cartas juntas. A jornada energética continua com a carta cinco, enquanto você usa sua intuição para guiá-lo por entre formas de expandir sua perspectiva sobre as muitas maneiras pelas quais seu desejo pode se manifestar. Você pode revisitar esta tiragem para ver como sua mudança energética para o alinhamento progride, registrando as mudanças em seu diário conforme elas acontecem.

Tomando uma Decisão

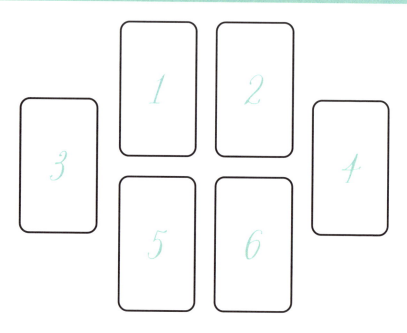

1. OPÇÃO 1
Uma das escolhas dentro da decisão que precisa ser tomada

2. OPÇÃO 2
A outra opção, que pode incluir a escolha de não agir

3. ENERGIA DA OPÇÃO 1
A energia em torno da primeira opção

4. ENERGIA DA OPÇÃO 2
A energia em torno da segunda opção

5. MEDOS
Os medos que cercam a mudança

6. BÊNÇÃOS
As bênçãos que advêm da tomada de decisão

TIRAGEM DE 6 CARTAS

Estamos constantemente preocupados em tomar as decisões certas, e essa preocupação pode levar à inércia. Esta tiragem irá mostrar a energia que está impulsionando suas escolhas, para você não permanecer preso ou em um impasse. Tomar uma decisão sempre o fará seguir em frente. A única escolha equivocada a ser feita é não escolher nada.

Observe as mensagens e os sentimentos intuitivos que surgem quando você vê as cartas um e dois, e registre-os em seu diário. Estas duas cartas são predominantemente simbólicas, mostrando a você representações de suas próprias opções de escolha. Observe como seu baralho escolheu refletir estas opções de volta para você. Existe algo que salta aos seus olhos nas imagens, mostrando detalhes dessas opções que você não havia considerado anteriormente?

Em seguida, examine as mensagens apresentadas pelas cartas três e quatro em relação às duas primeiras cartas. As cartas um e dois representam suas próprias opções de escolha; as cartas três e quatro falam sobre as forças por trás dessas opções e as razões pelas quais você pode estar prevaricando ou hesitando. Qual opção o baralho parece estar favorecendo? Há alguma informação nas imagens que mostre por que uma opção pode ser mais forte que a outra?

Os mesmos medos que surgem intuitivamente quando você vê a carta cinco podem ser aplicados a ambas as opções, pois são as duas faces da mesma moeda. Olhe para a carta seis para entrar em contato com as bênçãos e o alívio que advêm da tomada de uma decisão; sua intuição vai conduzi-lo para a decisão certa para você.

A Cruz Celta

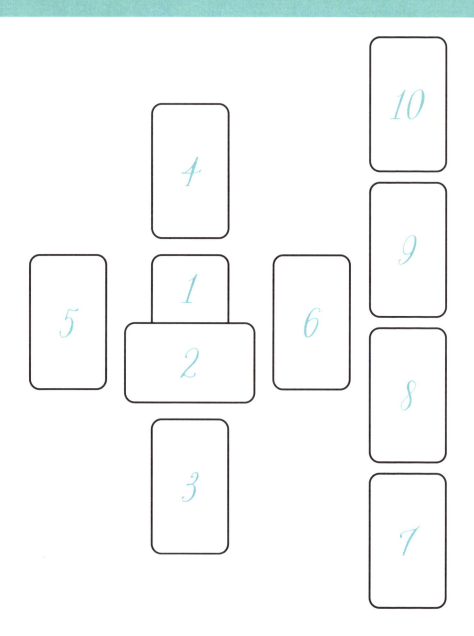

CAPÍTULO 3

TIRAGEM DE 10 CARTAS

1. A SITUAÇÃO ATUAL
A energia em torno da sua situação presente

2. ENERGIA DE OPOSIÇÃO
A energia que se opõe ou bloqueia a situação

3. O QUE ESTÁ POR TRÁS
Forças inconscientes que afetam a sua situação

4. O QUE ESTÁ À MOSTRA
Aquilo sobre o qual você está consciente a respeito da situação

5. O QUE ESTÁ NO PASSADO
Eventos passados que afetam a sua situação

6. O QUE VEM PELA FRENTE
Eventos potenciais que você poderá enfrentar

7. SEUS SENTIMENTOS
Sentimentos a respeito da situação, ou o que está no seu coração

8. OS SENTIMENTOS DE OUTRAS PESSOAS
Como os sentimentos de outras pessoas influenciam a situação

9. SUAS ESPERANÇAS OU SEUS MEDOS
Use sua intuição para distinguir se a carta representa suas esperanças ou seus medos diante da situação

10. RESULTADO POTENCIAL
Um resultado provável para a situação

Esta clássica tiragem de dez cartas leva o leitor a uma viagem pelo passado, pelo presente e pelo futuro, bem como pela sua paisagem interior e exterior, à medida que ruma em direção a um resultado positivo. A Cruz Celta lança luz sobre as forças que afetam nossas vidas, incluindo nossos próprios pensamentos e percepções do passado, o medo do desconhecido, e como permitimos que os outros influenciem nossas decisões. É muito mais fácil entender as mensagens nas cartas dividindo a leitura em duas partes.* Isso permite compartimentar eventos que estão fora do seu controle, o que está dentro da sua cabeça, o que está em seu coração e o que não pertence a você.

* Consulte as páginas 50 e 51.

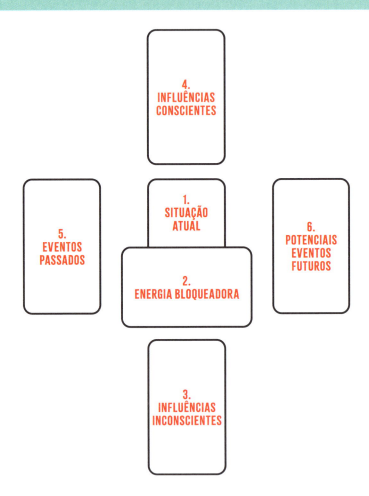

Primeiramente, olhe para o corpo da cruz. As cartas um e dois estão em oposição direta uma à outra, criando tensão. As cartas de três a seis explicam mais sobre esta tensão. As cartas três e quatro mostram seu processo interno em relação à situação, enquanto as cartas cinco e seis apontam para eventos externos que estão afetando a situação.

10. RESULTADO POTENCIAL

9. ESPERANÇAS E MEDOS

8. OPINIÕES ALHEIAS OU INFLUÊNCIAS EXTERNAS

7. SEUS SENTIMENTOS (O QUE ESTÁ NO SEU CORAÇÃO)

As quatro cartas restantes representam a escada que nós devemos subir para alcançar um resultado potencial. A escada consiste em nossos próprios sentimentos sobre a situação e como a energia dos outros afeta a nossa realidade. Antes de chegarmos ao topo, devemos confrontar nossos medos e esperanças, e permitir que eles nos conduzam ao nosso objetivo.* Por fim, absorvemos a energia que representa um resultado provável, embora seja necessário reconhecer que temos o poder de modificá-lo a qualquer momento, pois nenhum futuro está gravado na pedra.

> * A carta nove pode representar esperanças, medos ou ambos. Se você não tem certeza sobre o que a carta está refletindo, tente permitir que sua intuição o guie em direção a mensagens significativas.

Escreva entradas em seu diário à medida que faz a leitura. A seguir apresento algumas dicas a serem consideradas durante a escrita:

→ Qual resultado me satisfaria mais?

→ Quais eventos passados estão pesando mais para mim atualmente?

→ De que forma, se houver, estou permitindo que a influência dos outros me afete?

→ De que forma meu medo me impede de alcançar um resultado favorável?

→ Como posso começar a me libertar do passado, para que eu possa me alinhar com minhas esperanças?

→ O que aprendi com esta leitura que ainda não sabia?

TIRAGENS DE TARÔ

CRIANDO SUAS PRÓPRIAS TIRAGENS

Um dos aspectos mais divertidos de ler tarô é criar sua própria tiragem! A chave para projetar uma tiragem eficaz é ter uma intenção clara e um propósito para a sua leitura. Existem combinações ilimitadas de perguntas e cenários que você pode inventar.

A fórmula básica começa com qualquer assunto para representar a energia geral da tiragem. Pense no tipo de leitura que você quer. Você quer criar uma tiragem que revele incógnitas, ofereça orientação ou faça conexões? Então considere quem e o que vai explorar. Será algo relacionado a eventos atuais, enfocará exclusivamente questões do coração ou lançará luz sobre questões que existem entre duas pessoas?

A seguir, seja curioso. O que você quer saber sobre o assunto? Quais são os seus sentimentos intuitivos sobre o assunto? Siga pedindo mensagens e conselhos para o seu Eu Superior ou orientação divina sobre o que fazer com o seu assunto, e construa a partir daí. Lembre-se de criar tiragens que respondam a perguntas produtivas, que incentivem a ação, e evite fornecer respostas concretas sobre quando ou como algo vai acontecer.*

> *Em vez de "Quando vou receber um aumento?", tente "Como devo concentrar a minha energia para aumentar a minha renda?".

Fórmula básica

1	2	3
O ASSUNTO	SENTIMENTOS INTUITIVOS	MENSAGENS DO UNIVERSO

CAPÍTULO 4

Arcanos Maiores

OS ARCANOS MAIORES constituem um
subconjunto dentro do baralho de tarô, consistindo
em 22 cartas, que possuem classificação superior
às demais. Elas apresentam a história pictórica
da jornada do Louco, começando pelo próprio
Louco (0) e terminando com o Mundo (21).
Os Arcanos Maiores representam grandes eventos
da vida e lições importantes – individuais
e coletivas – que moldam as nossas vidas.
Neste capítulo você encontrará a numerologia básica,
bem como os signos planetários e astrológicos
correspondentes a cada carta, juntamente
com os significados universais que se aplicam
a quase todos os baralhos de tarô.

0 ✴ O LOUCO

O Louco embarca em uma nova jornada, deixando o passado para trás, levando com ele apenas as lições aprendidas e a curiosidade para começar de novo.

Cada carta carrega a energia das que vêm antes, começando com o Louco, que carrega a energia do zero (0), um símbolo que contém tudo e nada ao mesmo tempo. O Louco progride nas ações e nos eventos mostrados por cada carta dos Arcanos Maiores, crescendo, experimentando e amadurecendo, conforme sua consciência evolui. Na arte do Louco, você vê um jovem em uma túnica com estampa floral. O Louco olha para o radiante céu amarelo, com o sol nas costas, e felizmente inconsciente de que está prestes a cair de um penhasco. Carregando apenas uma trouxa e uma rosa branca, ele é inocente e livre dos fardos da vida. Ele está pronto para lidar com tudo o que cruzar o seu caminho, com os braços estendidos, sugerindo abertura para novas possibilidades, sem medo de falhar. Um pequeno cachorro anda ao lado do Louco, tentando alertá-lo sobre o penhasco perigoso para o qual ele está se dirigindo. Este é o caminho do desdobramento da consciência, um símbolo da vontade do Louco para enfrentar os desafios da vida, a fim de progredir.

SIGNIFICADOS-CHAVE NA VERTICAL
Novo começo, liberdade

SIGNIFICADOS-CHAVE QUANDO INVERTIDA
Ingenuidade, medo de mudanças

NUMEROLOGIA
0, um receptáculo aberto, envolvendo tudo e nada

ASTROLOGIA
Urano (mudança súbita, liberdade)

LEITURA GERAL

É aqui que começa a sua aventura! O Louco sabe que está no caminho certo, mesmo que ele não saiba para onde a estrada vai levá-lo. Estar disposto a correr riscos, sabendo que todo grande salto à frente pode ter suas armadilhas e que contratempos são lições que irão guiá-lo em sua jornada. Sua intuição está sempre ao seu lado, como o cachorrinho que anda com o Louco. Sintonize-a e preste atenção às suas mensagens enquanto o seu próprio caminho para expandir a consciência se desdobra.

AMOR/RELACIONAMENTOS

Quando o Louco aparece em uma leitura sobre relacionamentos, ele indica que o consulente deveria dar uma chance ao amor ou estar aberto para um novo começo dentro de um relacionamento existente. Confie na sua intuição e deixe o passado para trás. Nunca é tarde para recomeçar.

CARREIRA/DINHEIRO

Arrisque-se e experimente algo novo. Nem tudo pode funcionar, mas ser ousado é a única forma de chegar ao próximo patamar em sua carreira. Escute sua própria orientação interna, você pode ter sorte de principiante.

PESSOAL/ESPIRITUAL

Dê um salto de fé e confie que você tem o apoio do universo. Não tenha medo do desconhecido. Em vez disso, reconheça que as lições que você encontrará irão levá-lo a uma consciência expandida e a oportunidades imprevistas. Elas são parte de sua evolução pessoal e espiritual.

INVERTIDA

O Louco invertido em suas leituras pode indicar que não é o momento certo para arriscar-se ou mergulhar de cabeça em algo. Pode significar que você está sendo desafiado pelo seu medo de mudança ou por uma hesitação em sair de sua zona de conforto. Existe uma ingenuidade nesta carta, por isso também pode significar que você siga em frente, porém mais tarde, quando tiver um plano sólido.

PARA REFLETIR

→ Em que área da sua vida você está interagindo com a energia do Louco?

1 ✸ O MAGO

O Mago tem o poder dos quatro elementos: terra, ar, fogo e água, combinado com sua conexão ao divino. Ele pode criar abundância ilimitada no reino físico.

Agora que o Louco deu o salto para o desconhecido, ele encontra o Mago e aprende que o poder do universo está dentro dele para criar sua própria realidade! Uma figura usando um manto está em pé, com uma varinha em uma de suas mãos apontada para o céu, e a outra mão apontada para o chão. O símbolo do infinito e a postura corporal representam a conexão do Mago com os reinos espiritual e físico. Sobre a mesa estão os itens que representam os quatro naipes elementais: uma varinha (Paus, fogo), um pentáculo (Ouros, terra), uma espada (Espadas, ar) e uma taça (Copas, água). Esse era o conteúdo da trouxa do Louco! Utilizando os poderes dos elementos e a ajuda do divino, o Mago serve de condutor, com o poder de dar forma ao que não tem forma, transformando intenções em ações para alcançar resultados físicos. As flores e a vegetação simbolizam a conexão dele com a natureza, e significam que a pureza (branco) e a paixão (vermelho) são essenciais para o processo de criação. Com assistência divina, todas as coisas são possíveis.

SIGNIFICADOS-CHAVE NA VERTICAL
Manifestação, criação, ação inspirada

SIGNIFICADOS-CHAVE QUANDO INVERTIDA
Desconexão com o poder pessoal, manipulação

NUMEROLOGIA
1, o início, o indivíduo

ASTROLOGIA
Mercúrio (mensagens, comunicação)

LEITURA GERAL

Você é o Mago, e os ingredientes elementares de que precisa para ser criativo estão ao seu alcance! Com intenção clara e paixão, você pode se conectar ao divino e transformar seus sonhos em realidade. Esta carta é um lembrete de que você é mais poderoso do que imagina. Aja quando inspirado, e concentre-se em manter cada elemento em equilíbrio na sua vida. Quando você trabalha para manifestar seus sonhos e desejos, você cria o mundo.

AMOR/RELACIONAMENTOS

Quando o Mago aparece em uma leitura sobre relacionamentos, ele pode significar a manifestação de um relacionamento maravilhoso, ou o reacender da chama de um relacionamento existente. Você tem tudo dentro de si para criar o relacionamento dos seus sonhos, independente do *status* do seu relacionamento atual. Preste atenção para equilibrar suas emoções (água) com seus pensamentos (ar) enquanto permanece com os pés no chão (terra) e apaixonado (fogo).

CARREIRA/DINHEIRO

Você pode criar novas oportunidades, usando todas as suas habilidades inerentes para cultivar abundância, manifestar prosperidade e agir para realizar seus objetivos. Se você quer começar o seu próprio negócio, agora é a hora. Reconheça o seu valor quando negociar um aumento ou um contrato.

PESSOAL/ESPIRITUAL

Você está se sentindo confortável com o próprio poder ao trabalhar com a natureza e o espírito. Tirar esta carta significa um aprofundamento da sua prática espiritual, e a cocriação da sua realidade com o universo/divino.

INVERTIDA

O Mago invertido pode apontar para um mau uso de poder, manipulação ou a tentativa de forçar uma situação. Você pode estar duvidando de sua capacidade de criar e manifestar, ou experimentando um possível bloqueio da sua conexão com um aspecto importante de sua identidade. Este é um momento para reconectar-se à fonte de energia dentro de você. Acredite que, se a porta não estiver abrindo, pode haver uma porta melhor em outro lugar... ou outra maneira de entrar. Se você estiver se sentindo bloqueado, redirecione suas energias.

PARA REFLETIR

→ Em que aspecto você está agindo como o Mago em sua vida?

2 ✳ A SACERDOTISA

A Sacerdotisa, assim como a lua, vê através da escuridão, iluminando o que está oculto, lembrando-nos de que tudo o que precisamos saber já está dentro de nós.

Sentada entre dois pilares, um claro e outro escuro, a Sacerdotisa representa o equilíbrio que existe naturalmente em nossas naturezas duais. O adorno de cabeça evoca as fases da lua, simbolizando a evolução das estações da vida de uma mulher: da donzela à mãe e à velha sábia. Os ícones religiosos que ela usa e segura incluem a cruz e a Torá, que refletem as crenças populares do período durante o qual o baralho foi criado, mas também são simbolismos da devoção da Sacerdotisa à sua prática espiritual. Atrás dela está pendurada uma tapeçaria adornada com romãs – símbolos de fertilidade e energia feminina –, obstruindo a visão que ela tem da água, que representa as emoções. A lua crescente aos seus pés simboliza a conexão com o poder lunar e a intuição. Embora a Sacerdotisa esteja de costas para a água, ela não precisa dos seus olhos para enxergar; ela está conectada às suas emoções internamente.

SIGNIFICADOS-CHAVE NA VERTICAL
Intuição, autoconhecimento

SIGNIFICADOS-CHAVE QUANDO INVERTIDA
Desconexão com a intuição, recusar-se a olhar para dentro

NUMEROLOGIA
2, dualidade, balanço, harmonia

ASTROLOGIA
Lua (emoções, intuição, energia feminina)

LEITURA GERAL

Conectar-se ao divino é um processo interior. Seu Eu Superior intuitivo pode ser canalizado a qualquer momento ao olhar para dentro. A Sacerdotisa o exorta a limpar sua mente e pedir ao seu coração pelas respostas que procura. As respostas já estão dentro de você!

AMOR/RELACIONAMENTOS

Ouça sua intuição. A sua inteligência emocional o levará às respostas que precisa sobre seus desejos românticos. O que seu instinto diz sobre o relacionamento? Confie em seus sentimentos em vez de pensar e analisar demais.

CARREIRA/DINHEIRO

Siga os impulsos intuitivos ao tomar decisões financeiras e de negócios, mesmo que você fique tentado a investigar indefinidamente. Saiba que você tem as respostas, em vez de confiar nas opiniões de outras pessoas. Faça escolhas intuitivas nos negócios em vez de intelectualizar ou racionalizar demais.

PESSOAL/ESPIRITUAL

Volte-se para dentro para se conectar com a orientação divina, uma vez que o fortalecimento da intuição aprofunda a prática espiritual. Confie em si mesmo e siga sua intuição, mesmo se ela o levar a um lugar que não faça sentido lógico à primeira vista.

INVERTIDA

A Sacerdotisa invertida frequentemente significa uma desconexão com a sua intuição. Você pode estar procurando por respostas fora de si mesmo, confiando demais na orientação dos outros ou permitindo-se ser influenciado. Este é um lembre para voltar à fonte interna para obter respostas, mesmo que isso pareça desconfortável no início.

PARA REFLETIR
→ Que tipo de conexões a Sacerdotisa quer que você faça com o seu eu interior?

3 ✶ A IMPERATRIZ

A Imperatriz representa a essência da energia divina feminina. Através da conexão que ela possui com a natureza e sua disposição para permitir que seu corpo seja um receptáculo sagrado, ela cria uma vida cheia de amor.

A Imperatriz senta-se em almofadas macias em uma floresta exuberante, enquanto um rio flui em direção a ela, sugerindo sua conexão com a natureza. Um coração com o símbolo de Vênus é orgulhosamente exibido ao lado dela, indicando que ela está aberta ao amor e à beleza em todas as suas formas. O vestido esvoaçante com estampa de romãs simboliza paixão, fertilidade e a capacidade de criar. Em sua cabeça está uma coroa de estrelas, representando os 12 signos do zodíaco. O cetro erguido e a postura corporal aberta da Imperatriz revelam sua receptividade e a confiança que tem no poder de sua sexualidade.

SIGNIFICADOS-CHAVE NA VERTICAL
Recebendo amor, criatividade

SIGNIFICADOS-CHAVE QUANDO INVERTIDA
Desconexão, bloqueios criativos

NUMEROLOGIA
3, criatividade, crescimento, expansão

ASTROLOGIA
Vênus (amor, beleza, dinheiro, criatividade)

LEITURA GERAL

A Imperatriz emana uma energia poderosa de receber em vez de agir. Você pode permitir o que está nascendo em sua vida para crescer em um tempo próprio, sem pressa. A Imperatriz está relaxada, confiando que sua paixão e criatividade produzem um magnetismo poderoso, que atrai tudo o que ela deseja.

AMOR/RELACIONAMENTOS

Permita-se receber amor, e reconheça que você pode atrair romance por amar a si mesmo. Este é um período fértil para quem pode engravidar. Você está atraindo amor para si mesmo naturalmente e em seu próprio tempo.

CARREIRA/DINHEIRO

Você pode vir a receber dinheiro ou um emprego de fontes inesperadas, criando mais abundância em sua vida. Mas lembre-se de que esta carta fala sobre receptividade, tome cuidado para não insistir. Você precisa ser paciente.

PESSOAL/ESPIRITUAL

Lembre-se de praticar o amor-próprio e se envolver em atividades mais criativas. Ao acessar a energia de Vênus através da criatividade, do romance, do autocuidado e de passar um tempo na natureza, você pode trazer o amor divino para a sua prática espiritual. Saia de casa e encontre meios de se conectar com o mundo natural.

INVERTIDA

A Imperatriz invertida pode apontar para formas de se sentir bloqueado ou impedido de amar a si mesmo ou de permitir que os outros amem e cuidem de você. Você pode estar se sentindo desconectado de sua criatividade ou ser incapaz de receber elogios, afeto e outros sinais de positividade. A Imperatriz invertida também pode sugerir dificuldades na gravidez, complicações românticas ou a insistência em uma situação em vez do exercício da paciência. Isto pode indicar que você está confiando demais na energia masculina para fazer as coisas acontecerem, e precisa acessar, em vez disso, a energia feminina. Considere encontrar outras maneiras de se reconectar com a natureza para lembrar-se de que tudo floresce em seu próprio tempo.

PARA REFLETIR

→ O que você está criando no seu mundo com o poder da Imperatriz?

4 ✶ O IMPERADOR

O Imperador está sentado em seu trono pesado, usando uma armadura por baixo de suas vestes. Ele está assentado, mas também sempre pronto para agir.

O Imperador representa a contraparte divina masculina, e a energia concentrada que se usa para agir. Ele se senta em um trono de concreto adornado com carneiros, significando sua estabilidade e a conexão com o signo astrológico de Áries. A paisagem atrás dele é estéril, exceto por um riacho de água fluindo pela cena, representando emoção e intuição, que o auxiliam a tomar medidas inspiradas quando necessário. Ele usa uma coroa e segura um orbe e um cetro, representando sua autoridade e seu poder, e sob seu manto ele veste uma armadura. Isso sugere que ele está pronto para entrar em uma batalha a qualquer momento. Observe as cores desta carta. Vermelho e laranja são cores simbolicamente associadas ao poder, autoridade e afirmação do reino material.

SIGNIFICADOS-CHAVE NA VERTICAL
Ação inspirada, poder pessoal

SIGNIFICADOS-CHAVE QUANDO INVERTIDA
Inabilidade de agir ou defensividade/reatividade

NUMEROLOGIA
4, estabilidade, estrutura

ASTROLOGIA
Áries (individualidade, poder pessoal)

LEITURA GERAL

A conexão com a energia masculina divina na carta do Imperador é o que leva você a agir a partir de um lugar de poder em vez de reagir com medo. Isso requer nutrir uma relação saudável com sua energia masculina e ocupar o espaço. Conecte-se à sua autoridade interna, reconhecendo a ambição, a motivação e o poder de uma forma que sirva ao bem maior, não apenas a você.

AMOR/RELACIONAMENTOS

Tome iniciativa, seja ousado e preste atenção às suas paixões. Você tem mais poder no campo do romance do que imagina. Permaneça equilibrado com sua energia masculina, observando quando você está sendo assertivo demais ou não assertivo o suficiente em seus relacionamentos. Sua intuição irá guiá-lo para onde mais ou menos dessa energia é necessária.

CARREIRA/DINHEIRO

Se você estava esperando por um sinal para agir em prol dos seus objetivos, esta é a deixa. É hora de ser assertivo em suas colocações ou assumir completamente um papel de liderança. Ser mais agressivo em questões relacionadas à sua carreira vai trabalhar a seu favor, então vá em frente e peça aquilo que você quer.

PESSOAL/ESPIRITUAL

Para explorar a energia ativa e masculina, tente utilizar afirmações de autoempoderamento. Permita-se ocupar mais espaço, e tornar-se a autoridade dentro de sua vida (em vez de valorizar as opiniões de outras pessoas mais do que as suas).

INVERTIDA

Quando o Imperador aparece invertido em uma leitura, pode sugerir uma desconexão com o poder pessoal ou a incapacidade de agir. Deixe a energia masculina ousada e assertiva fluir para que você possa se defender ou assumir o controle de uma situação. Esta inversão também pode significar a presença de energia masculina tóxica, abuso de poder, defensividade ou reações imaturas, que derivam do medo e da raiva.

PARA REFLETIR
→ Como você se identifica com o Imperador?

ARCANOS MAIORES ✸ 65

5 ✳ O HIEROFANTE

O HIEROFANTE

O Hierofante está sentado no trono de um templo, compartilhando seu conhecimento sagrado com alunos devotados. Através de sua conexão com o espírito, ele representa a ponte entre o céu e a terra.

Um "hierofante" é um intérprete dos mistérios sagrados ou princípios esotéricos, então esta carta evoca uma busca pelo conhecimento. Muito parecido com a Sacerdotisa, o Hierofante está em comunicação quase constante com o divino. A diferença é que a Sacerdotisa canaliza seu conhecimento por meio da intuição, enquanto o Hierofante estuda e aprende ao defender tradições, participar de rituais e ensinar conhecimentos antigos aos outros. O Hierofante aparece sentado em um trono em vestes religiosas tradicionais, e mantém-se ocupado compartilhando seus ensinamentos espirituais com as duas figuras sentadas diante dele. A iconografia religiosa – as chaves e seu cajado papal, a posição da mão e as cruzes, apenas para citar algumas – é símbolo de sua pureza e devoção à espiritualidade. Tendo uma fé poderosa e um conjunto estrito de princípios pelos quais vive, o Hierofante é mais feliz quando pode seguir um curso tradicional de estudo.

SIGNIFICADOS-CHAVE NA VERTICAL
Professor, tradição

SIGNIFICADOS-CHAVE QUANDO INVERTIDA
Crenças rígidas, recusar-se a aprender

NUMEROLOGIA
5, conflito, luta, desafios

ASTROLOGIA
Touro (tradicional, fundamentado, rígido)

LEITURA GERAL

O caminho do aprendizado nunca está completo. Permaneça aberto ao estudo de novos cursos, e honre a tradição ao mesmo tempo em que forma seu próprio conjunto único de crenças e rituais. Quando você estiver pronto para aprender, fique alerta para a presença de um novo professor potencial em sua vida. Por outro lado, este professor poderia muito bem ser você mesmo, se estiver em posição de repartir seu conhecimento com outras pessoas.

AMOR/RELACIONAMENTOS

No que tange à instituição do casamento, você pode ter fortes crenças sobre romance e parcerias. Tirar esta carta em uma leitura também pode significar que você está propenso a seguir um caminho mais tradicional no amor. Ocasionalmente, o Hierofante sinaliza um relacionamento romântico com alguém que você considera um professor ou aluno, ou talvez um relacionamento em que um possa aprender com o outro constantemente.

CARREIRA/DINHEIRO

Esta carta indica uma carreira tradicional ou a escalada para o sucesso. Também pode ser um incentivo para que você se torne um professor, voltando-se para os estudos, ou aprendendo um novo assunto para aprofundar seus conhecimentos em sua carreira atual.

PESSOAL/ESPIRITUAL

Você pode aprofundar sua espiritualidade estudando modalidades de cura ou cursos sobre os fundamentos do conhecimento espiritual. Você pode até mesmo ensinar artes de cura e oferecer orientação espiritual. Esteja aberto à entrada de um professor na sua vida, e ciente de que isso pode acontecer de diversas formas.

INVERTIDA

Quando o Hierofante invertido aparece em uma leitura geralmente significa um desvio ou bloqueio no caminho espiritual ou nos estudos do consulente. Ele pode indicar crenças rígidas, recusa em permanecer aberto a informações alternativas ou resistência a aprender novas coisas. Se esta carta invertida aparecer em sua leitura, tome-a como um lembrete para tentar manter a mente aberta e ser respeitoso diante de pontos de vista opostos ao seu.

PARA REFLETIR

→ O Hierofante pergunta: o que você está pronto para aprender?

6 ✶ OS ENAMORADOS

Os Enamorados estão juntos em harmonia, o equilíbrio entre o masculino e o feminino, sem nada a esconder. Cada escolha que eles fazem está alinhada com o amor.

A carta dos Enamorados significa uma oportunidade para se conectar em relacionamentos que apoiam seu "eu" mais feliz, melhor e mais saudável. A arte mostra um homem e uma mulher de pé, nus em um jardim entre a árvore da vida e a árvore do conhecimento. A cobra representa a tentação de entregar-se aos prazeres terrenos, enquanto o anjo incentiva o casal a escolher entre o amor divino e o sucumbir à satisfação imediata. O desejo pelo prazer é equilibrado pela vulnerabilidade e pela confiança, uma vez que ambos existem em uma relação harmoniosa.

SIGNIFICADOS-CHAVE NA VERTICAL
Relacionamento, alinhamento

SIGNIFICADOS-CHAVE QUANDO INVERTIDA
Desarmonia, desequilíbrio

NUMEROLOGIA
6, harmonia, reciprocidade, imagem espelhada

ASTROLOGIA
Gêmeos (dualidade, comunicação, adaptabilidade)

LEITURA GERAL

Você sempre tem a escolha de se alinhar com o amor divino, balanceando as energias masculina e feminina dentro de você. E você pode lutar para assegurar-se de que este balanço se reflita em seus relacionamentos. Escolher relações com base em respeito mútuo e comunicação saudável o levará às mais altas expressões de amor que você procura.

AMOR/RELACIONAMENTOS

A conexão romântica está disponível ou uma oportunidade para o amor está próxima, ou mesmo à sua frente. Use seus valores para guiá-lo pelas escolhas de relacionamento. Esta carta pode significar a presença de uma relação importante ou alma gêmea em sua vida ou prestes a entrar na sua vida.

CARREIRA/DINHEIRO

Pode haver romance em seu local de trabalho, ou você pode estar trabalhando com um parceiro romântico. Pode também significar alinhamento benéfico com um parceiro de negócios ou colega de trabalho. Você também pode ganhar dinheiro com aquilo que você ama.

PESSOAL/ESPIRITUAL

Esta carta serve como lembrete para escolher o amor divino em vez da gratificação instantânea, e que balancear energias masculinas e femininas dentro de você atrairá as relações certas para a sua vida.

INVERTIDA

Os Enamorados invertido em sua leitura pode apontar para uma relação desbalanceada ou codependente. A carta também pode apontar para uma dependência exagerada do parceiro para satisfazer suas necessidades ou para o nutrir expectativas irreais em seus relacionamentos. Para consertar esse desequilíbrio, olhe para dentro para detectar a fonte da desarmonia. A felicidade é um trabalho interno, que se reflete em seus relacionamentos.

PARA REFLETIR

→ Se os Enamorados estivessem conversando, o que estariam dizendo um ao outro?

7 ✶ O CARRO

Guiado pela nossa intuição, o Carro é a estrutura que nos protege enquanto agimos.

Um símbolo da construção de um impulso, o Carro sinaliza que você está começando a elaborar o seu plano de ação. Esta carta mostra um homem de armadura segurando as rédeas e pronto para a batalha, mas a carruagem em si não está em movimento. Isso acontece porque o Carro representa a base sólida de premeditação que é necessária antes que possamos entrar em ação. As duas esfinges à frente da carruagem estão deitadas no chão, e o único sinal de movimento são seus olhos, mirando direções opostas. Elas parecem estar examinando os arredores, considerando qual caminho seguir. O rio ao fundo, símbolo de emoções, sugere a importância de esperar orientação intuitiva antes de tomar qualquer ação. Um dossel de estrelas acima da cabeça do cocheiro representa o valor de olhar para o cosmos para buscar orientação, enquanto sua armadura significa sua conexão com o signo astrológico de Câncer – uma dura casca externa de proteção.

SIGNIFICADOS-CHAVE NA VERTICAL
Ação inspirada, impulso

SIGNIFICADOS-CHAVE QUANDO INVERTIDA
Inabilidade de seguir em frente, estagnação

NUMEROLOGIA
7, crescimento pessoal, planejamento, avaliação

ASTROLOGIA
Câncer (cuidador, protetor, intuitivo)

LEITURA GERAL

Você está embarcando em uma jornada importante ou avançando para o próximo nível de seus objetivos de vida! O Carro pede que você tenha uma intenção clara, foco e um plano para a ação. Pura determinação sozinha não é suficiente para impulsioná-lo em direção ao sucesso. Construir uma base sólida e criar uma estrutura são etapas necessárias antes que você possa tomar grandes decisões. Se você não tem certeza daquilo que pode enfrentar agora, ouça a sua intuição para guiá-lo em direção às próximas etapas do percurso.

AMOR/RELACIONAMENTOS

Você está se movendo rapidamente em um relacionamento, mas vocês dois possuem a mesma visão para o futuro? Crie uma base sólida e faça planos antes de levar esta relação para o próximo nível.

CARREIRA/DINHEIRO

Agora é a hora de criar um plano de negócios claro e conciso, ao mesmo tempo em que você age a partir da sua intuição para alcançar objetivos na sua carreira ou financeiros. O sucesso vem com o foco, a determinação e a clareza de intenção.

PESSOAL/ESPIRITUAL

Você está pronto para levar a sua prática espiritual para o próximo nível, o que significa que você está ganhando impulso na vida. Com base na sua intenção de seguir em frente, você pode utilizar sua prática espiritual para guiá-lo para as próximas fases da vida com confiança.

INVERTIDA

O Carro invertido em uma leitura pode sugerir falta de confiança em um objetivo específico ou uma falta geral de foco ou direção. Sinaliza a necessidade de um plano mais concreto para recuperar o impulso. O controle dos impulsos será necessário para crescer e agir em uma direção positiva. Esta inversão pode avisar também sobre mover-se rápido demais, pular passos importantes ou ainda que há hesitação.

PARA REFLETIR

→ Para onde você acha que o Carro está indo?

8 ✳ FORÇA

A Força nos lembra que não é o tamanho dos nossos músculos, mas a vontade dentro dos nossos corações que importa. Quando demonstramos coragem, nós podemos suportar quaisquer obstáculos que encontrarmos.

A carta da Força mostra uma mulher vestindo uma túnica branca, enfeitada com flores – sugerindo sua pureza de coração –, demonstrando sua própria força ao fechar suavemente a boca de um leão. A mulher representa a energia feminina, receptiva, mas que não é sinônimo de fraqueza. Sem medo ou hesitação, ela corajosamente pôs as mãos em um animal selvagem e feroz. A cooperação e a linguagem corporal submissa do leão indicam que ele não se sente ameaçado pelo toque da mulher. O símbolo do infinito acima da cabeça dela é um lembrete de que a energia dentro de nós sempre se manifesta em nossas circunstâncias externas. Esta mulher está em paz por dentro, e essa paz se reflete na forma como ela lida com o mundo. Aproximando-se de um obstáculo com confiança e agindo de uma maneira calma, ela conseguirá resultados positivos para todos os envolvidos.

SIGNIFICADOS-CHAVE NA VERTICAL
Superação de obstáculos, resistência

SIGNIFICADOS-CHAVE QUANDO INVERTIDA
Inquietação, falta de confiança

NUMEROLOGIA
8, progresso, ação decisiva

ASTROLOGIA
Leão (corajoso, centrado no coração)

LEITURA GERAL

Você é mais forte do que imagina! A vida é cheia de desafios, mas você pode confiar em si mesmo para lidar com praticamente qualquer situação que surgir. Deixe o símbolo do infinito lembrá-lo de que você é capaz de superar lutas internas e externas. A Força pede que você esteja presente com seus medos, em vez de escondê-los, e também que você siga com coragem, mesmo quando a sua confiança vacila.

AMOR/RELACIONAMENTOS

Tenha confiança e vá conhecer pessoas novas. Não tenha medo de mostrar sua vulnerabilidade, compartilhe seu coração com seu parceiro se vocês estão tentando superar obstáculos em seu relacionamento.

CARREIRA/DINHEIRO

Tenha confiança e persista em sua carreira – há poder em sua voz. Você pode efetivamente alcançar o próximo nível financeiro a partir de uma abordagem firme e sutil. Você pode ultrapassar quaisquer obstáculos e alcançar bons resultados em seu trabalho, então não desista ou duvide de sua força.

PESSOAL/ESPIRITUAL

Se você está fazendo mudanças em sua vida ou em seu trabalho para alcançar o próximo e mais profundo nível de conexão com o divino, você tem o que é preciso dentro de você para superar todos os desafios. Seja corajoso e confie na sua força interior, mas saiba que está tudo bem ser vulnerável. Você pode sentir medo, e ainda assim agir!

INVERTIDA

A carta da Força invertida em uma leitura pode sugerir falta de autoconfiança, confiança vacilante em si mesmo ou mesmo relutância em depositar fé no universo. Pode também apontar para um sentimento de apreensão ao agir, uma sensação de fraqueza ou de desconforto diante da própria vulnerabilidade.

PARA REFLETIR
→ Em que área da sua vida você pode trabalhar com a Força?

9 ✳ O EREMITA

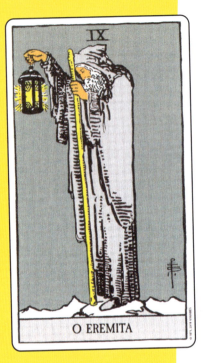

O Eremita é sábio e entende a diferença entre estar sozinho e ser sozinho; sua solidão é a companhia para sua mente brilhante.

Há sabedoria a ser adquirida por meio da solidão: esta é a lição que o Eremita transmite. Na carta, um homem idoso anda sozinho, segurando um cajado e uma lanterna para iluminar o caminho. A lanterna ilumina apenas o que está à sua frente, mas o guia para a verdade. A idade avançada simboliza sabedoria profunda, enquanto o cajado sugere poder. O poder do Eremita está em sua capacidade de olhar para dentro, confiar em si mesmo e exercitar sua imensa paciência.

SIGNIFICADOS-CHAVE NA VERTICAL
Sabedoria, retirar-se do mundo por vontade própria

SIGNIFICADOS-CHAVE QUANDO INVERTIDA
Solidão, isolamento

NUMEROLOGIA
9, próximo à completude, solidão

ASTROLOGIA
Virgem (analítico, trabalhador, paciente)

LEITURA GERAL

Muitas pessoas temem ficar sozinhas, mas passar tempo com você mesmo para explorar seus mundos interiores o empodera e o conecta profundamente com sua verdade interior. Ouvir sua sabedoria interior ao passar tempo sozinho é uma prática necessária e saudável que vai rejuvenescê-lo. Quando for hora de estar com outras pessoas novamente, você sentirá que sua energia foi restaurada.

AMOR/RELACIONAMENTOS

Um tempo sozinho é a melhor opção agora. Você precisa de espaço para se conectar com suas verdades pessoais. Considere tirar umas férias do amor e do romance para buscar-se dentro de si. Passar um tempo afastado de um parceiro pode fazer com que vocês voltem mais fortes do que antes.

CARREIRA/DINHEIRO

Reserve um espaço para se conectar com sua própria inteligência e com suas inclinações naturais, e sinta-se à vontade para bloquear as opiniões externas. Se você está pensando em se candidatar para um emprego ou uma promoção, fazer um investimento ou explorar uma nova ideia, você não precisa da permissão de ninguém para ir adiante. Trabalhar sozinho em vez de colaborar com outros é o melhor a ser feito neste momento.

PESSOAL/ESPIRITUAL

Você está mergulhado em um processo de busca interior, à procura da própria verdade. Permita-se o máximo de tempo sozinho. Como você precisa olhar para dentro, talvez por meio de meditação ou de longas caminhadas você consiga acessar sua sabedoria divina interior.

INVERTIDA

O Eremita invertido em uma leitura pode indicar medo de ficar sozinho ou recusa em olhar para dentro de si mesmo. Também pode significar que você esteve isolado por muito tempo, e é hora de buscar suporte e conexão. Use sua intuição para guiá-lo em direção ao significado que ressoa com a situação.

PARA REFLETIR

→ Que sabedoria o Eremita possui para compartilhar com você?

10 ✷ RODA DA FORTUNA

A Roda da Fortuna está sempre girando, demonstrando que cada momento é temporário e que a vida é cíclica, não linear. Renda-se ao presente.

A Roda da Fortuna permite que você obtenha uma compreensão mais profunda dos ciclos de mudança da vida. Sua arte contém simbolismo místico, astrológico e ocultista, mostrando que muitas das forças que influenciam nossas vidas são misteriosas e invisíveis. A roda parece flutuar nas nuvens, indicando que o caminho espiritual está conectado ao reino físico. As criaturas nas nuvens são signos do zodíaco: Aquário (ar), Escorpião (água), Touro (terra) e Leão (fogo). Eles representam as forças estáveis que sustentam a roda em si. Abaixo da roda está Anúbis, o deus egípcio dos mortos, que representa vida, morte e renascimento. A esfinge está sentada no topo da roda, uma criatura multifacetada, que representa a diversidade da vida. A cobra voltada para baixo é um símbolo dos desafios da vida que todos devem enfrentar. Todas as criaturas e os símbolos giram ao redor da roda, nos ensinando que a vida tem seus altos e baixos, em um ciclo de constante mudanças. Todos nós devemos abraçar a natureza temporária de cada momento. A mudança é a única constante verdadeira.

SIGNIFICADOS-CHAVE NA VERTICAL
Ciclos, mudança

SIGNIFICADOS-CHAVE QUANDO INVERTIDA
Atrasos, reveses

NUMEROLOGIA
10, o ciclo completo

ASTROLOGIA
Júpiter (sorte, expansão, crescimento)

LEITURA GERAL

Cultivar uma forte prática espiritual pode aliviar os momentos negativos, ajudar-nos a aproveitar os momentos positivos e nos capacitar para navegar momentos incertos e desafiadores em nossas vidas. Compreendendo os ciclos de vida em um nível mais profundo, nós podemos edificar nossa própria força e resiliência. A Roda da Fortuna pede que você se concentre no que você pode controlar, para encontrar paz dentro da incerteza que a mudança traz, e liberar o que você não pode controlar. Ao fazer isso, você se abre para eventos e reuniões predestinadas, mas sem forçar o seu destino. O que está guardado para você não vai desistir de encontrá-lo!

AMOR/RELACIONAMENTOS

Esta carta sinaliza uma oportunidade ou um encontro predestinado com um novo parceiro romântico, embora também possa simbolizar a conclusão de um ciclo em sua vida amorosa. Alternativamente, você pode estar entrando em uma nova fase de um relacionamento que já existe há algum tempo. A Roda da Fortuna mostra que sua sorte pode estar mudando no romance, e existe a possibilidade de novas experiências maravilhosas após um período de tristeza.

CARREIRA/DINHEIRO

Novos começos ou eventos predestinados estão se desdobrando para impulsioná-lo no caminho da boa sorte, das oportunidades de emprego e da riqueza inesperada. Uma carreira ou um ciclo financeiro está chegando ao fim e fazendo a transição para o próximo. Permaneça em seu caminho: sua sorte está mudando.

PESSOAL/ESPIRITUAL

O destino o está impulsionando em seu caminho. Você está saindo de um ciclo doloroso para outro mais harmonioso, com nova compreensão e fé. Você confia no processo da vida, nos ciclos de morte e renascimento, em conhecer novas pessoas e abraçar novas situações que entraram em sua vida.

INVERTIDA

A Roda da Fortuna invertida em sua leitura pede que você se concentre no que você pode controlar quando as coisas parecem caóticas. Você está se recusando a deixar algo acontecer ou está resistindo ao crescimento? Tudo está mudando ao seu redor, o que pode fazer com que você se sinta desconfortável, mas este momento de instabilidade é temporário. O que está terminando agora vai criar espaço para algo novo ocupar o seu lugar.

PARA REFLETIR
→ Se você pudesse fazer uma única pergunta para a Roda da Fortuna, que pergunta seria?

11 ✵ JUSTIÇA

A Justiça é feita, restaurando o equilíbrio divino por meio da defesa e do compromisso com a verdade.

A mensagem desta carta é: aquilo que estava instável está sendo reequilibrado. A Justiça está sentada entre dois pilares, uma figura segurando a espada da verdade em uma das mãos e a balança da justiça na outra. A figura parece ser uma juíza comprometida em permanecer objetiva em sua busca pela verdade. Seu manto vermelho simboliza o pertencimento ao mundo material, enquanto a coroa amarela e o fundo que aparece por trás da cortina simbolizam sua harmonia com os elementos espirituais que existem dentro do reino físico. A presença da espada sugere que ela prefere usar a lógica em vez das emoções, uma ideia enfatizada pela coroa em sua cabeça, que ressalta o poder da mente.

SIGNIFICADOS-CHAVE NA VERTICAL
Verdade, equilíbrio

SIGNIFICADOS-CHAVE QUANDO INVERTIDA
Desequilíbrio, tratamento injusto

NUMEROLOGIA
1 + 1 = 2. Conectada à Sacerdotisa (2)

ASTROLOGIA
Libra (equilíbrio, verdade, parceria)

LEITURA GERAL

A Justiça pede que você use a lógica e permaneça objetivo, pois isso o ajudará a descobrir a verdade que reside em cada situação. Ela indica que resultados positivos em assuntos jurídicos ou questões interpessoais não resolvidos são inevitáveis: tudo o que você precisa fazer é ser fiel a si mesmo e agir com integridade. Acredite que situações desequilibradas estão agora trabalhando a seu favor.

AMOR/RELACIONAMENTOS

Disputas e divergências estão avançando inevitavelmente em direção à solução. Você pode esperar a restauração do equilíbrio dentro de um relacionamento, defendendo suas necessidades ou estando disposto a ouvir o lado da outra pessoa para alcançar um acordo mútuo benéfico. Após um período de discórdia, agora você poderá vir a fazer um acordo.

CARREIRA/DINHEIRO

Acordos justos estão sendo feitos e disputas estão sendo resolvidas. Você está encontrando equilíbrio no ambiente de trabalho, falando a sua verdade em uma situação de negócios, trabalhando para alcançar resultados positivos em uma questão legal ou talvez até assinando contratos que irão impulsionar sua carreira.

PESSOAL/ESPIRITUAL

A carta da Justiça significa uma reconciliação com o passado: encontrar equilíbrio, alinhamento e harmonia interior, o cumprimento de contratos cármicos. Em uma leitura sobre a sua vida interior, aponta para a restauração do equilíbrio dentro do mundo espiritual.

INVERTIDA

A Justiça invertida em uma leitura pode indicar uma luta para alcançar o equilíbrio. Talvez algo injusto tenha ocorrido recentemente, ou um evento passado que não esteve alinhado com sua ética pessoal necessita da sua atenção. Sua intuição vai guiá-lo para o que isso representa em sua vida. Depois de identificar onde o desequilíbrio está, você pode começar a investigar como mudar a energia em torno da situação, se possível. Às vezes, não importa o quanto você tente, as dificuldades ainda surgirão.

PARA REFLETIR

→ Em quais aspectos da sua vida você está buscando Justiça?

12 ✸ O ENFORCADO

Quando você está suspenso de cabeça para baixo, há tempo para refletir e ver as coisas por uma nova perspectiva.

O Enforcado oferece um presente incomum: a suspensão do tempo. Sua presença está associada a um período de tempo que ajudará a modificar a sua percepção de uma determinada situação. O Enforcado está suspenso por uma perna, de cabeça para baixo, na árvore da vida. Suas mãos parecem estar amarradas atrás das costas. Sua perna livre está cruzada atrás da perna amarrada e parece relaxada, descansando. Ele não tem para onde ir, então é capaz de entrar em um estado tranquilo de reflexão, como mostra seu rosto. Ele está calmo, quase pensativo, em vez de angustiado. Uma auréola amarela envolve sua cabeça, sugerindo que a iluminação espiritual está ocorrendo durante este tempo de pausa. Este é um momento para se render, não para lutar.

SIGNIFICADOS-CHAVE NA VERTICAL
Espera, mudança de perspectiva

SIGNIFICADOS-CHAVE QUANDO INVERTIDA
Impaciência, inércia

NUMEROLOGIA
1 + 2 = 3. Conectado à Imperatriz (3)

ASTROLOGIA
Netuno (sonhos, ilusões)

LEITURA GERAL

Durante os momentos em que nenhum movimento pode ser feito, você tem a oportunidade de ver sua situação sob uma nova perspectiva. Ficar curioso a respeito do que você pode aprender com este período forçado de espera vai conduzi-lo a novas iluminações espirituais. Renda-se ao que está acontecendo e encontre paz durante os momentos de inatividade, até a hora certa para a ação e a transformação.

AMOR/RELACIONAMENTOS

A situação atual está estagnada por uma razão, então tire um tempo para se envolver com essa sensação de estar no limbo. Isto está aqui para te ensinar algo. Agora não é hora de seguir em frente, o que significa que você pode trabalhar para ver a situação sob outra perspectiva. Confie que o tempo é perfeito, mesmo que pareça desconfortável para você.

CARREIRA/DINHEIRO

Esperar trará resultados melhores, então use este período de espera para expandir sua visão, vendo sua situação de múltiplos pontos de vista. Não tome decisões súbitas agora em relação às suas finanças ou à sua carreira. Espere até receber um sinal mais claro para voltar a agir.

PESSOAL/ESPIRITUAL

Momentos inesperados de pausa podem levar a novas iluminações espirituais. Ganhar uma nova perspectiva para a sua situação ajuda a expandir suas crenças. Use este tempo para refletir e se render ao momento presente tanto quanto seja possível.

INVERTIDA

O Enforcado em sua leitura está dizendo para você não lutar contra as circunstâncias atuais, nem mesmo forçar um movimento. Atrasos são irritantes, mas o divino está tentando mostrar alguma coisa que você poderia ter perdido em outras condições. Você pode estar ansioso para começar a próxima etapa da sua jornada, mas, em vez disso, acalme sua mente e ouça mensagens intuitivas. Há muito a ser alcançado na quietude.

PARA REFLETIR
→ Que nova perspectiva o Enforcado pode oferecer para uma situação difícil na sua vida?

13 ✳ MORTE

A Morte é a transformação final, um ciclo de liberação que leva ao renascimento.

A Morte talvez seja uma das cartas mais mal compreendidas do tarô, e que transborda um rico simbolismo. A Morte aparece como um esqueleto vestido com uma armadura negra, cavalgando por uma cena em que figuras estão à beira da morte ou já mortas, segurando uma bandeira preta com uma flor e espigas de milho, representando o crescimento e as safras que se alinham com as estações de nossas vidas. Uma figura religiosa parece suplicar à Morte, enquanto uma criança e uma jovem se ajoelham por perto, ambas sinalizando a inocência em transição. Ao longe, o sol nasce entre duas torres, representando a mente consciente e inconsciente.

O esqueleto é amarelo, a cor da iluminação espiritual, assim como as vestes da figura religiosa. O cavalo que ele monta simboliza a liberdade que resulta da aceitação da transformação. E o fato de que ele está sentado em seu cavalo olhando para a figura religiosa sugere que a iluminação espiritual transcende ensinamentos religiosos tradicionais. O sol ascendente ilumina o renascimento, um contraste com a armadura negra da Morte, o que indica que os aspectos de sombra, uma vez escondidos, são agora exibidos com orgulho. A Morte está protegida durante este ciclo de mudança, assim como todos nós durante tempos de transformação.

SIGNIFICADOS-CHAVE NA VERTICAL
Transformação, liberação

SIGNIFICADOS-CHAVE QUANDO INVERTIDA
Apegar-se ao passado, recusar-se a mudar

NUMEROLOGIA
1 + 3 = 4. Conectada ao Imperador (4)

ASTROLOGIA
Escorpião (transformação, poder, proteção)

LEITURA GERAL

Lembre-se de que a vida é um ciclo contínuo de morte e renascimento, e essa mudança é natural. As estações mudam, e você mesmo muda e cresce conforme evolui ao longo de seu caminho pessoal. A Morte pede que você se entregue a este ciclo e deixe ir as coisas de sua vida que resistiram aos seus propósitos. Este não é um processo fácil, mas encontre conforto em saber que algo mais adequado à próxima fase da sua vida está vindo para substituir o que foi embora.

AMOR/RELACIONAMENTOS

Esta carta sinaliza a transformação de um relacionamento, possivelmente de uma forma radical e inesperada. Embora possa ser doloroso deixar de lado certos aspectos, fazer isso cria espaço para algo novo e bonito florescer. O fim também é o começo.

CARREIRA/DINHEIRO

Terminar uma fase da sua carreira pode vir acompanhado por alguma dor, mas isso é parte do ciclo de renovação e transformação que o leva à próxima fase. A Morte diz de forma inequívoca que é hora de seguir em frente.

PESSOAL/ESPIRITUAL

Você está passando por uma transformação do seu ego, o que pode incluir o desapego de padrões e comportamentos antigos e desgastados. Este expurgo está criando espaço para novos princípios, e forçando você a deixar o passado ir.

INVERTIDA

A Morte invertida em sua leitura pode sugerir que você está se apegando a algo em sua vida que está pronto para ser liberado. Você está resistindo a seguir em frente ou se agarrando teimosamente ao passado. Esta carta diz que se entregar às mudanças pode ser assustador, mas esta resistência também pode prolongar o ciclo e amplificar a dor. Deixe ir e confie no universo, e em você.

PARA REFLETIR

→ Se você pudesse fazer uma única pergunta à Morte sobre a transformação pela qual você está passando, que pergunta seria?

14 ✳ TEMPERANÇA

A Temperança ensina a invocar o reino angélico para nos apoiar em uma abordagem equilibrada, produzindo resultados melhores do que os que poderíamos obter por conta própria.

A Temperança revela um caminho promissor adiante, mas um que nos obriga a buscar a ajuda do divino. Um anjo está com um pé na terra e um pé na água, enquanto derrama água entre as taças. A água parece fluir em ambas as direções ao mesmo tempo, representando o processo de alquimia em que o impossível se torna possível mediante uma conexão com o divino. Esta carta diz que se você escolher o caminho da moderação consciente, o divino o apoiará, agindo a seu favor. É assim que a alquimia funciona no reino espiritual.

SIGNIFICADOS-CHAVE NA VERTICAL
Moderação, harmonia, tempo divino

SIGNIFICADOS-CHAVE QUANDO INVERTIDA
Desequilíbrio, forçando para obter resultados

NUMEROLOGIA
1 + 4 = 5. Conectada ao Hierofante (5)

ASTROLOGIA
Sagitário (aventura, procura por sabedoria e verdade superiores, otimismo)

LEITURA GERAL

Quando você estiver trabalhando para alcançar algo em sua vida, você não precisa fazer isso sozinho! Peça ajuda divina para vir ao seu auxílio, procure sinais e siga orientações inspiradas quando os sinais aparecerem na sua frente. Seja flexível e moderado, confiando que os resultados desejados virão com o tempo. Tenha paciência enquanto o universo trabalha para materializar seus desejos no reino físico.

AMOR/RELACIONAMENTOS

Não force um relacionamento agora. O universo está trabalhando na coxia para trazer romance para a sua vida, então confie no tempo divino. Busque o equilíbrio e a harmonia nos relacionamentos existentes, e peça ao universo orientação divina para alcançar o que deseja.

CARREIRA/DINHEIRO

O tempo é um fator em seu trabalho e na sua vida financeira no momento, então peça por mensagens e assistência divina para criar abundância e oportunidades na sua carreira. Seja paciente e tenha fé. Quando você confia que os eventos seguirão o seu curso, a abundância surgirá diante de você.

PESSOAL/ESPIRITUAL

Esteja você lutando contra algo específico ou apenas se sentindo perdido, agora é o momento perfeito para se conectar com o divino e acolher as mensagens recebidas. Use sua orientação intuitiva para seguir em frente em seu caminho para alcançar seu Eu Superior. Renda-se aos planos do universo.

INVERTIDA

A Temperança invertida em sua leitura pode indicar que você está tentando demais ou forçando uma situação em vez de relaxar e permitir que ela ocorra no tempo divino. Também pode indicar que alguma forma de moderação é necessária a fim de restabelecer o alinhamento com seu caminho superior. O divino o está aconselhando a encontrar o equilíbrio e evitar situações e comportamentos extremos.

PARA REFLETIR

→ O que a Temperança pode ensinar a você sobre equilíbrio e confiança no tempo divino?

15 ✴ O DIABO

O Diabo mostra os pontos em nossas vidas onde estamos acorrentados à autossabotagem. A partir desta compreensão, nós nos libertamos.

O Diabo é outra carta que costuma ser incompreendida e considerada por muitos como um mau presságio. Na verdade, não há nada a temer em relação ao Diabo uma vez que seu significado seja esclarecido. A carta retrata um diabo literal, que é parcialmente humano em aparência, mas com chifres, asas e uma metade inferior de aparência bestial, simbolizando as coisas que demonizamos ou tememos. Um pentagrama invertido o coroa, representando sua conexão com a energia sombria. Abaixo do Diabo estão um homem e uma mulher acorrentados, que parecem quase idênticos aos Enamorados. O fato de estarem acorrentados ao diabo representa os nossos vícios, comportamentos de autossabotagem, mecanismos de enfrentamento prejudiciais à saúde e medos. Apenas quando cultivarmos a consciência e assumirmos a responsabilidade por nossas ações poderemos nos libertar destas correntes. A carta do Diabo nos mostra onde estão nossos desequilíbrios internos.

SIGNIFICADOS-CHAVE NA VERTICAL
Sabotagem, vício

SIGNIFICADOS-CHAVE QUANDO INVERTIDA
Desprendimento, libertação

NUMEROLOGIA
1 + 5 = 6. Conectado aos Enamorados (6) – eles representam os dois lados da mesma moeda: um é a luz; o outro, a escuridão

ASTROLOGIA
Capricórnio (ambição, pessimismo, responsabilidade)

LEITURA GERAL

O Diabo aparece como um confronto gentil com pensamentos ou comportamentos autodestrutivos. Usando sua intuição, pergunte a você mesmo quais hábitos prejudiciais ou mecanismos de enfrentamento estão presentes em sua vida. Identificar os medos que levam ao comportamento de autossabotagem não precisa ser um processo assustador. Em vez disso, pode ser revelador, muito parecido com a tocha do Diabo, que ilumina a escuridão da carta.

AMOR/RELACIONAMENTOS

Esta carta alerta sobre a presença de um relacionamento insalubre ou tóxico, talvez um daqueles que envolvem escolher a luxúria em vez do amor, codependência ou um parceiro controlador. No entanto também pode estar lhe dizendo que experimentos com poder e controle no quarto podem apimentar um relacionamento saudável.

CARREIRA/DINHEIRO

Você está nutrindo uma relação doentia com o dinheiro ou está viciado em trabalhar. O Diabo pode indicar que você deve se libertar de uma situação envolvendo um chefe controlador ou um ambiente de trabalho tóxico. Talvez você ainda esteja em um emprego pelas razões erradas.

PESSOAL/ESPIRITUAL

Pode ser a hora de examinar padrões de pensamento tóxicos e mecanismos de enfrentamento prejudiciais para que você possa chegar à raiz da autossabotagem contínua, a fim de libertar a si mesmo. Se o que você está fazendo parece bom no momento, será que não possui efeitos negativos posteriores?

INVERTIDA

O Diabo invertido em uma leitura pode ser um bom sinal, apontando para uma renovação da esperança ou o abandono de uma situação tóxica ou insalubre. Esta carta invertida aponta para a libertação de um padrão antigo e destrutivo. Também pode sugerir que o melhor talvez seja tomar uma decisão difícil ou impopular.

PARA REFLETIR

→ Que apegos prejudiciais o Diabo quer que você reconheça?

16 ✷ A TORRE

A Torre nos lembra de que aquilo que está ruindo está permitindo a manifestação de algo novo.

A Torre é a terceira carta mais mal-interpretada do tarô, com imagens que retratam destruição, perda de estabilidade e violenta falta de controle. Quando a mudança repentina varre a zona de conforto sob os seus pés, é assustador e perturbador – mas, nesse momento, você está experimentando crescimento e expansão. Esta carta mostra uma alta torre de pedra sendo atingida por um raio, derrubando a coroa que estava no topo. Duas figuras aterrorizadas saltam do prédio em chamas em direção a um pouso incerto. A Torre em si representa a fundação estrutural sobre a qual sua vida é construída, enquanto a coroa é o símbolo do ego sendo estilhaçado pelo raio da iluminação. Esta carta poderosa nos diz que desmoronar é um passo necessário em nossa jornada, permitindo que a próxima fase possa emergir de seus escombros. A Torre rapidamente destrói velhas estruturas que já não propiciam crescimento.

SIGNIFICADOS-CHAVE NA VERTICAL
Perturbação, mudança súbita

SIGNIFICADOS-CHAVE QUANDO INVERTIDA
Agarrar-se ao velho, medo de deixar ir

NUMEROLOGIA
1 + 6 = 7. Conectada ao Carro (7) – referenciando a relação entre controle e mudança

ASTROLOGIA
Marte (agressão, ação exterior, energia masculina)

LEITURA GERAL

A Torre sinaliza mudanças repentinas que estão além do seu controle, fazendo com que você se sinta momentaneamente desestabilizado. A mensagem que esta carta oferece é que você deve perseverar, já que os aspectos da sua vida que estão sendo demolidos não estão mais servindo para você. Há uma nova forma de pensar que quer se manifestar. As novas estruturas apoiarão seu crescimento e sua expansão.

AMOR/RELACIONAMENTOS

Esta carta indica a quebra de padrões existentes nos relacionamentos, provocado uma mudança que privilegiará vínculos mais fortes e novas formas de parceria. Os velhos métodos não servem mais para você.

CARREIRA/DINHEIRO

Mudanças repentinas em questões de dinheiro podem ser enervantes, mas o que você está vivenciando agora o levará adiante: uma perda que abrirá caminho para um ganho maior. Destruir as estruturas existentes prepara você para se alinhar a um novo plano de carreira ou a uma nova forma de ganhar dinheiro.

PESSOAL/ESPIRITUAL

Quebrar velhas estruturas abre caminho para uma nova forma de ser e estar no mundo. Uma reviravolta repentina ou uma mudança de rumo leva a novos níveis de iluminação em seu caminho. Você pode encontrar novas maneiras de olhar para o mundo e a fragilidade das estruturas ao seu redor. A mudança é possível.

INVERTIDA

A Torre invertida em sua leitura pode indicar que os efeitos desta carta são mais sutis e menos devastadores. Também pode indicar que você está tentando evitar o que está acontecendo, agarrado a uma velha forma de ser ou fazer as coisas em vez de enfrentar a mudança inevitável. A Torre quer que você saiba que é seguro aceitar o que está acontecendo, mesmo que pareça desconfortável, e que você deve confiar que está sendo conduzido para o seu destino.

PARA REFLETIR

→ Quais aspectos da sua vida estão mudando subitamente ou violentamente, evocando a Torre?

17 ✳ A ESTRELA

A Estrela ilumina o caminho para a cura, derramando a luz do cosmos na terra.

Um senso renovado de esperança e cura são trazidos pela carta da Estrela. Ela mostra uma mulher ajoelhada à margem de um rio, com um pé na água, simbolizando a conexão dela com os reinos espiritual e terreno. Estrelas no céu a guiam enquanto ela derrama água de dois jarros, um na terra e outro na água, fazendo referência ao inconsciente, à esperança, à renovação de fé, à inspiração e à criatividade fluindo de uma fonte divina. A Estrela representa tudo o que é possível quando você permite que a energia da cura flua para a sua consciência, culminando em uma cura maior tanto em seu corpo físico como no eu espiritual.

SIGNIFICADOS-CHAVE NA VERTICAL
Esperança, cura

SIGNIFICADOS-CHAVE QUANDO INVERTIDA
Perda da fé, desconexão com a fonte

NUMEROLOGIA
1 + 7 = 8. Conectada à Força (8)

ASTROLOGIA
Aquário (futurístico, visionário, inteligência)

LEITURA GERAL

A Estrela aparece para elevar seu ânimo após uma época de transformações dolorosas e violentas, e ela ajuda a renovar sua fé e esperança no futuro. Permita que esta carta inspire você a voltar a um estado de fluxo criativo, utilizando todos os dons que você guarda dentro de si. A energia de cura está presente, tanto no corpo quanto no espírito.

AMOR/RELACIONAMENTOS

A cura de um relacionamento anterior ou dentro de um atual está em processo no momento, então tenha fé em sua vida romântica. Confie que seu caminho para o amor será guiado e protegido, e que você já deixou para trás as dificuldades passadas.

CARREIRA/DINHEIRO

Você está sendo guiado para oportunidades de avançar em sua carreira. Ideias criativas para melhoria financeira estão fluindo em sua direção, então esteja aberto para *flashes* de inspiração. Esta carta também pode indicar que você está se curando de um problema financeiro ou da perda de um emprego.

PESSOAL/ESPIRITUAL

Você está se curando do passado e se sentindo esperançoso em relação ao futuro. A inspiração divina está fluindo em sua direção, então permita-se viver seus impulsos criativos. O futuro próximo oferece melhorias na saúde bem como crescimento positivo nos reinos da espiritualidade e bem-estar físico.

INVERTIDA

A Estrela invertida simboliza uma desconexão com o divino, pedindo que você se reconecte. Não perca a fé no processo: você ainda está no caminho certo. A inspiração está a caminho, então não desista. Seu corpo e sua alma vão se curar, mas estas curas levarão tempo.

PARA REFLETIR
→ Como a Estrela pode renovar seu senso de esperança hoje?

18 ✳ A LUA

A Lua ilumina o que estava escondido, trazendo para a luz, e pedindo a você que ouça suas mensagens intuitivas.

A Lua é um convite para confrontar sua sombra ou os elementos sombrios da sua essência que são frequentemente suprimidos. Sua sombra não deve ser temida, mas abraçada e integrada. Fazer isso permite que você cure o que considera desagradável ou inaceitável em si mesmo. Nesta carta vemos um coiote e um cachorro uivando para a lua cheia, simbolizando nosso desconforto com a dualidade e o desconhecido. O coiote é o eu selvagem, enquanto o cachorro representa nosso eu domesticado. Um lagostim em um rio simboliza a busca pelo sentido da vida, olhando de forma mais profunda, e sentimentos de insatisfação em viver uma existência superficial.
A Lua está posicionada entre as duas torres mostradas pela primeira vez na carta da Morte, representando o consciente e o inconsciente. Sob a luz da lua tudo é revelado. Isso inclui as mensagens recebidas em sonhos e por meio da intuição. O que é revelado pode mostrar onde você foi enganado, mais provavelmente por conta de suas próprias percepções. Está na hora de enxergar a verdade e as situações com clareza.

SIGNIFICADOS-CHAVE NA VERTICAL
Sonhos, ilusões

SIGNIFICADOS-CHAVE QUANDO INVERTIDA
Superando dificuldades, recusando-se a reconhecer a verdade

NUMEROLOGIA
1 + 8 = 9. Conectada ao Eremita (9)

ASTROLOGIA
Peixes (intuitivo, empático, autossacrifício)

LEITURA GERAL
A Lua revela aspectos de sua sombra, iluminando sua escuridão e traços autodestrutivos e negativos. Esta carta apresenta a dualidade da natureza humana em sua forma mais primitiva, assim como destaca o desejo de evolução. Abrindo-se para expandir a sua consciência você é forçado a ver o que estava oculto anteriormente. Você quer evoluir ao longo do seu caminho espiritual ou prefere permanecer no escuro, onde parece seguro? A Lua mostra onde o trabalho pode ser feito, através de sonhos e desenvolvendo sua intuição. Mesmo no escuro, não há nada a temer!

AMOR/RELACIONAMENTOS
Você pode não ter enxergado algo com clareza no seu relacionamento, mas agora a verdade vem à luz. Os segredos são revelados, levando a conversas honestas. Pode significar também que você está confrontando suas próprias verdades em seu relacionamento ou antes de entrar em um.

CARREIRA/DINHEIRO
Ouça a sua intuição e leia todos os contratos com cuidado, você pode descobrir taxas ocultas ou que um negócio é bom demais para ser verdade. Você pode ter que examinar as razões que o impedem de atingir suas metas ou crescer em uma posição de autoridade no trabalho.

PESSOAL/ESPIRITUAL
Agora é a hora de examinar o autoengano, o medo e a vergonha, trabalhando com a sua sombra. Explore o desenvolvimento psíquico ou seus sonhos para ajudá-lo a se reconectar com aspectos do seu eu interior que estavam escondidos. Você está evoluindo e expandindo sua consciência em seu caminho espiritual.

INVERTIDA
A Lua invertida em sua leitura pode apontar para uma recusa em reconhecer a verdade ou uma resistência a investigar mais profundamente quando sua intuição pede que você o faça. Também pode apontar para a superação do autoengano, então confie em sua orientação intuitiva e avalie onde você está em sua jornada espiritual.

PARA REFLETIR
→ O que a Lua pode iluminar para você?

19 ✳ O SOL

O Sol revela uma clareza que só vem depois de passarmos algum tempo em conexão com as partes mais sombrias de nós mesmos.

O Sol traz uma grande clareza e o entusiasmo que nasce após emergirmos da escuridão. Uma criança de braços abertos cavalga nas costas de um cavalo branco sob o sol brilhante, ambos representando o retorno à inocência, o otimismo e a liberdade. Uma bandeira vermelha tremula ao redor, simbolizando a paixão renovada e a presença do amor. O próprio sol se levanta no horizonte, enorme e vibrante, representando a mensagem principal da carta: clareza e iluminação. Um campo de girassóis à distância é um lembrete de que a vida floresce mais uma vez, assim como você o fará. Há uma sensação de alívio nesta carta e o aviso de que, após toda noite escura, há um novo amanhecer.

SIGNIFICADOS-CHAVE NA VERTICAL
Clareza, otimismo

SIGNIFICADOS-CHAVE QUANDO INVERTIDA
Pessimismo, confusão

NUMEROLOGIA
1 + 9 = 10, 1 + 0 = 1. Conectado ao Mago (1) e à Roda da Fortuna (10)

ASTROLOGIA
O Sol (energia vital, vitalidade, visibilidade)

LEITURA GERAL

Ver o mundo pelos olhos de uma criança ou se conectar à sua própria criança interior é uma recompensa e um uso produtivo da energia desta carta. O Sol traz clareza a situações obscuras e a experiência de vitalidade renovada e entendimento consciente. Melhoras na saúde estão a caminho, assim como o retorno do seu entusiasmo pela vida.

AMOR/RELACIONAMENTOS

Esta carta sinaliza paixão renovada e amor em um relacionamento existente, ou um futuro brilhante com um novo amor no horizonte. O Sol fala sobre se divertir e ser brincalhão no romance. Pode também acompanhar notícias de gravidez ou o desejo de começar uma família.

CARREIRA/DINHEIRO

Novas oportunidades empolgantes estão prestes a aparecer. Alternativamente, você pode sentir otimismo ou entusiasmo renovado pelo seu trabalho ou negócio atual. Se você é um empresário, mantenha sua mente aberta a novas ideias para modelos de negócios ou geração de receita. Trabalhar com os filhos ou em uma empresa familiar pode trazer uma alegria incomensurável.

PESSOAL/ESPIRITUAL

Você está se sentindo mais saudável por dentro e por fora depois de superar um período de tristeza ou de dificuldades com a saúde. Considere realizar algum trabalho de cura da criança interior, talvez encontrando uma nova paixão ou voltando a praticar um *hobby* que você amava.

INVERTIDA

O Sol é uma das únicas cartas no baralho que significa praticamente a mesma coisa na vertical e invertida. Às vezes pode ser difícil reconhecer que as coisas estão mudando quando as mudanças não ocorrem da noite para o dia, mas o Sol invertido pede que você olhe novamente para a sua circunstância e comemore as pequenas vitórias. Elas se somam ao longo do tempo, se você estiver em sintonia com elas. Cuidado com o pessimismo, porque as coisas estão melhorando.

PARA REFLETIR

→ Após um período de trevas, o que o Sol está iluminando para você agora?

20 ✵ JULGAMENTO

O Julgamento serve como a liberação final quando aceitamos o passado e nós mesmos, e seguimos o chamado divino rumo ao nosso despertar espiritual.

Você está pronto para a próxima etapa de seu crescimento pessoal: aceitar a si mesmo e deixar o passado ir. Na carta do Julgamento, um anjo no céu toca uma trombeta enquanto as pessoas emergem de caixões, regozijando-se ao atenderem ao chamado. A arte nesta carta faz referência à ressurreição no Dia do Julgamento bíblico. Temas cristãos à parte, o que você vê nesta carta é uma representação de resposta aos sinais do universo que estimulam o despertar espiritual. Durante o processo de despertar você reflete sobre a sua vida, suas escolhas, suas ações e suas experiências. Como você julga a si mesmo, lembre-se de ter compaixão por quem você era, e libere aqueles julgamentos para que você seja capaz de seguir em frente e deixar o passado para trás.

SIGNIFICADOS-CHAVE NA VERTICAL
Despertar, aceitação

SIGNIFICADOS-CHAVE QUANDO INVERTIDA
Duvidar de si mesmo, ressentimento

NUMEROLOGIA
2 + 0 = 2 (e 1 duplicado, ou 11). Conectado à Sacerdotisa (2) e à Justiça (11)

ASTROLOGIA
Plutão (transformação, morte e renascimento, poder)

LEITURA GERAL

O processo de liberação do Julgamento de si mesmo é importante, seja ou não uma questão de despertar espiritual. Para seguir em frente na vida, você deve estar disposto a aceitar e deixar seu passado ir embora, para que você possa aproveitar a próxima fase da vida, seja lá o que ela vá trazer. O Julgamento passa por todos os elementos do ciclo "entregar – liberar – perdoar", que, experimentados juntos, permitem que você deixe o passado para trás e siga em direção a um futuro mais vibrante.

AMOR/RELACIONAMENTOS

Aceite seus erros, bem como os erros de seus parceiros, para que você possa deixar o passado para trás. Amores passados podem estar voltando para uma possível reconciliação, permitindo que você faça as pazes com o passado e encontre um desfecho para ele. Busque o perdão a fim de seguir em frente.

CARREIRA/DINHEIRO

Não permita que erros ou decisões passadas em termos de finanças ou carreira definam você. Em vez disso, concentre-se em deixar o passado para trás e começar um novo e mais bem-sucedido período. Preste atenção aos sinais do universo, e siga-os em direção a uma nova carreira, a um novo caminho ou a uma nova oportunidade de negócios.

PESSOAL/ESPIRITUAL

Direcione sua energia para perceber os sinais do universo, para que você possa começar a se libertar da autocrítica e do julgamento. Esta é a hora de começar a aceitar seus dons espirituais, deixar as dores do passado para trás e abraçar um novo período de despertar espiritual.

INVERTIDA

O Julgamento invertido em sua leitura pode sugerir padrões repetidos sem que lições importantes sejam aprendidas. Talvez você esteja se julgando duramente ou esteja apegado ao passado, e esses comportamentos o impedirão de seguir em frente. Esta carta invertida também pode significar que você está ignorando um chamado superior, então não tenha medo de abraçar o crescimento e a mudança.

PARA REFLETIR

→ O Julgamento pergunta: o que você teve que aceitar sobre si mesmo?

ARCANOS MAIORES

21 ✵ O MUNDO

O MUNDO

Um ciclo se completa, mas o fim também é um novo começo. Alegre-se enquanto o Mundo o recompensa pelo seu trabalho árduo.

Você está pronto para receber as recompensas por haver completado a jornada do Louco, que culmina no Mundo. A figura na carta contém uma varinha em cada mão, como o Mago, simbolizando o que foi criado. Uma guirlanda a circunda, indicando vitória e sucesso. Você notará semelhanças com a carta da Roda da Fortuna. Uma coroa de flores é mostrada flutuando nas nuvens, e os símbolos dos signos fixos do zodíaco – Aquário (ar), Leão (fogo), Touro (terra) e Escorpião (água) – estão mais uma vez presentes, indicando que esses signos e elementos fizeram parte do trabalho árduo que você empreendeu para terminar este ciclo. Você não vai passar por um momento difícil e sair de mãos vazias. Comemore as recompensas que vêm com o encerramento de um ciclo.

SIGNIFICADOS-CHAVE NA VERTICAL
Fim de ciclo bem-sucedido, colheita de frutos

SIGNIFICADOS-CHAVE QUANDO INVERTIDA
Ação incompleta, celebração adiada

NUMEROLOGIA
2 + 1 = 3 (também se conecta a 1 e 2 ou 12). Conectado à Imperatriz (3) e ao Enforcado (12)

ASTROLOGIA
Saturno (responsabilidade, restrição, tempo)

LEITURA GERAL

O Mundo significa o fim de um ciclo, e te lembra que, quando você completa um projeto, colhe as recompensas de seus esforços. Comemore suas vitórias e reconheça o quão longe você chegou. Ainda há a empolgação sobre o que está por vir, e agora você está pronto para começar uma nova jornada a partir de um lugar de empoderamento e maturidade.

AMOR/RELACIONAMENTOS

Você está celebrando ativamente o seu amor e sentindo-se realizado em seu relacionamento. Você também pode estar aprendendo lições e indo para uma nova fase de seu relacionamento, tudo isso enquanto se sente confiante e animado a respeito do futuro.

CARREIRA/DINHEIRO

Em breve você poderá receber recompensas ou reconhecimento no trabalho na forma de uma promoção ou um aumento (ou mesmo de uma graduação!), como uma forma de celebrar o seu sucesso. Considere assumir mais responsabilidades para estar à altura de sua carreira.

PESSOAL/ESPIRITUAL

Você completou uma fase da vida que irá impulsioná-lo para a próxima. Comemore onde você está agora e reserve um tempo para pensar sobre o quão longe você chegou. Você alcançou seus objetivos e pode se divertir sentindo orgulho de si mesmo.

INVERTIDA

O Mundo invertido em sua leitura é uma mensagem de que um ciclo está pronto para ser concluído, mesmo se você não estiver totalmente pronto para aceitar isso. Pode haver a falta de um desfecho ou atraso na gratificação de seus esforços que o impedem de ver que uma situação chegou ao fim. Se é este o caso, saiba que o desfecho é algo que você pode se oferecer, afirmando que você está pronto para seguir em frente e se abrir para um novo ciclo energético, confiante de que você cresceu e está pronto para o início da próxima aventura.

PARA REFLETIR
→ Que ciclo completo você pode celebrar agora?

CAPÍTULO 5

Arcanos Menores: Copas

CADA UM DOS quatro naipes do tarô retrata
sua própria jornada elemental. As Copas representam
o naipe elemental da água e os signos de água na
astrologia: Câncer, Escorpião e Peixes. Copas são
símbolos de emoções, sentimentos, amor e intuição.
Começando com o Ás de Copas, vamos explorar
os significados universais de cada carta.
Uma maneira fácil de você se lembrar que as copas
estão associadas a emoções, amor e sentimentos é
pensar sobre as frases "Meu copo transborda",
"Você não pode derramar de um copo vazio"
e "O copo está meio cheio ou meio vazio?".

ÁS *de* COPAS

A dádiva de um novo amor é concedida: esteja aberto para receber este presente do divino.

O Ás de Copas sinaliza a dádiva de um novo início, enraizado no amor e na experiência emocional. A mão do divino emerge de uma nuvem, oferecendo um cálice de ouro – a taça do amor – do qual fluem cinco correntes de água para dentro de um lago com lírios. Os fluxos de água nos dizem que a influência das Copas pode se manifestar de diversas maneiras diferentes em nossas vidas. Uma pomba branca simboliza a paz, e a hóstia em seu bico representa um dom de conexão com o divino.

SIGNIFICADOS-CHAVE NA VERTICAL
Novo amor, relacionamentos

SIGNIFICADOS-CHAVE QUANDO INVERTIDA
Esgotamento, decepção

NUMEROLOGIA
1, novo início, o indivíduo

LEITURA GERAL

Quando o Ás de Copas aparece, o divino está concedendo a você uma dádiva de amor, que pode chegar de diversas formas, incluindo amor-próprio, um novo relacionamento ou uma nova conexão que trará amor, paz e felicidade para a sua vida. Esteja aberto para receber este presente: ele foi preparado para você!

AMOR/RELACIONAMENTOS

Um novo amor está chegando! Tirar um tempo para cultivar o amor-próprio ajuda a trazer ainda mais amor para a sua vida. Se você já tem um parceiro, pode experimentar uma renovação de amor e efusão emocional dentro de um relacionamento existente. Esta carta também pode significar gravidez, ou a chegada de um novo bebê.

CARREIRA/DINHEIRO

Uma nova oportunidade ou trabalho está no horizonte e será emocionalmente gratificante. Por outro lado, você pode estar gostando de seu trabalho atual e estar sentindo um entusiasmo renovado. Novas fontes de renda por esforços criativos podem aparecer em breve.

PESSOAL/ESPIRITUAL

Concentre-se no amor-próprio e reserve um tempo para você mesmo. Novas oportunidades e inspiração para o desenvolvimento pessoal aparecerão para você em breve. Você logo sentirá um entusiasmo maior pela sua prática espiritual.

INVERTIDA

O Ás de Copas invertido em sua leitura pode significar sentir-se vazio ou esgotado, sentindo necessidade de autocuidado. Também pode indicar que você está se sentindo decepcionado porque um relacionamento não ocorreu como planejado. Em última análise, quando o Ás de Copas aparece invertido, olhe para dentro para se nutrir emocionalmente.

PARA REFLETIR
→ Qual dádiva está sendo concedida pelo Ás de Copas?

DOIS *de* COPAS

O encontro de duas pessoas traz equilíbrio e harmonia em um relacionamento estimulante.

Esta carta indica que você está pronto para levar uma conexão existente a um nível mais profundo. O Dois de Copas retrata duas figuras – muito semelhantes à Sacerdotisa e ao Louco – contemplando os olhos um do outro enquanto trocam suas taças. Entre eles, um leão alado se apoia em cima de um caduceu: o leão simbolizando a paixão e a proteção que vem do alto; o caduceu evocando o equilíbrio na comunicação. As guirlandas nas cabeças de cada figura representam a vitória mútua nesta parceria harmoniosa. A casa ao fundo faz referência a uma vida doméstica pacífica.

SIGNIFICADOS-CHAVE NA VERTICAL
Parceria, união

SIGNIFICADOS-CHAVE QUANDO INVERTIDA
Desarmonia, término

NUMEROLOGIA
2, parceria, equilíbrio

LEITURA GERAL

O Dois de Copas simboliza sentimentos compartilhados e atração mútua. A parceria pode ser romântica, com ambas as partes compartilhando uma conexão que vai além do mero desejo físico. Seja qual for a forma que esse relacionamento assuma, há uma energia estimulante presente e uma dinâmica equilibrada entre dar e receber.

AMOR/RELACIONAMENTOS

Um novo relacionamento maravilhoso está a caminho ou está apenas começando. Ou indica ainda que seu relacionamento atual está cheio de amor, apoio mútuo e satisfação emocional.

CARREIRA/DINHEIRO

Uma nova parceria ou oportunidade de trabalho está se alinhando com você. Em circunstâncias em que já há uma carreira, você deve viver relações mutuamente benéficas ou pode receber um ato de generosidade de um colega de trabalho.

PESSOAL/ESPIRITUAL

Aprofundar sua prática espiritual ou mergulhar em um *hobby* o levará a novas conexões baseadas em interesses mútuos. Em suas relações atuais, você está se divertindo, sentindo-se amado e apoiado em sua vida.

INVERTIDA

O Dois de Copas invertido em uma leitura pode indicar a presença de desarmonia ou desequilíbrio em um relacionamento. Também pode indicar uma separação recente ou próxima de acontecer, o que é sempre doloroso e difícil. Tente se lembrar disso: dizendo "não" para certos relacionamentos você estará criando espaço em sua vida para relações mais gratificantes.

PARA REFLETIR
→ O que você acha que as duas figuras estão oferecendo uma à outra no Dois de Copas?

TRÊS *de* COPAS

Alegre-se e celebre com as pessoas de quem você gosta, e permita que as conexões levantem o seu astral.

Uma carta que evoca a expansividade alegre, o Três de Copas retrata três donzelas dançando juntas em um jardim, com suas taças levantadas em um brinde. Tirar esta carta em uma leitura significa que você está celebrando a amizade, a comunidade e todos os prazeres da vida em comum. A vegetação exuberante e madura significa aproveitar a vida no momento presente, enquanto as três donzelas representam conexão, fertilidade e criatividade.

SIGNIFICADOS-CHAVE NA VERTICAL
Celebração, união

SIGNIFICADOS-CHAVE QUANDO INVERTIDA
Sentindo-se emocionalmente drenado, excesso de indulgência

NUMEROLOGIA
3, comunidade, criatividade

LEITURA GERAL
O Três de Copas exorta você a ser mais divertido, brincalhão, e a passar mais tempo com os amigos ou a família. Conectar-se com outras pessoas é um grande alívio para o estresse, e rejuvenesce o seu espírito. Deleite-se com atividades que lhe pareçam expansivas e alegres, cerque-se de pessoas que o elevem e o inspirem.

AMOR/RELACIONAMENTOS
Tirar esta carta indica que você pode conhecer um novo parceiro por meio de amigos. Isso também serve como lembrete de que o amor chega na sua vida quando você está fazendo o que ama e está se divertindo. Se você já está em um relacionamento, saia e se divirta um pouco com o seu parceiro, especialmente em grupo ou na companhia de outras pessoas!

CARREIRA/DINHEIRO
Agora é um ótimo momento para colaborar com pessoas que o apoiam. Este tipo de conexão compassiva o ajuda a sentir segurança para assumir novos projetos e saber que você tem uma equipe forte para apoiá-lo. Criar laços com seus colegas de trabalho ou fazer amizades com pessoas que trabalham na indústria da qual você faz parte o levará a novas oportunidades.

PESSOAL/ESPIRITUAL
Você está desejando confraternizar com a sua família de alma! Priorize a conexão com uma comunidade que o apoia e melhora o seu astral. Comemorar com bons amigos ou com a sua família é o que você mais precisa neste momento.

INVERTIDA
O Três de Copas invertido em sua leitura pode apontar para excessos ou muitas festas, então talvez você tenha socializado com muita frequência nos últimos tempos e agora está se sentindo com a energia drenada. Também pode indicar tensão em amizades, fofocas e questões de limites. Às vezes esta carta pode até apontar para um caso. Permita que sua intuição o guie para o que parece real para você.

PARA REFLETIR
→ Qual é a sua conexão com a sua comunidade, com as suas amizades e com a criatividade?

QUATRO *de* COPAS

Olhar para o passado não vai revelar o seu futuro. Oportunidades estão em toda parte, se você mudar a forma de enxergá-las.

A estagnação e o tédio estão muito presentes no Quatro de Copas. Um jovem senta-se sob uma árvore, com seus braços e pernas cruzados, enquanto a mão do divino emerge de uma nuvem, oferecendo-lhe uma taça. A oferta parece estar bem à frente dele, mas seus olhos estão baixos, olhando entorpecidamente para as três outras taças à frente. Sua linguagem corporal está fechada para receber o que quer que seja, mostrando que ele está se protegendo por se sentir vulnerável. Ele não pode ver a nova brilhante oportunidade, porque está muito focado nas taças à sua frente. Essas taças representam o passado, situações insatisfatórias de alguma maneira. Ele quer experimentar a satisfação, mas não sabe como seguir em frente.

SIGNIFICADOS-CHAVE NA VERTICAL
Apatia, estagnação

SIGNIFICADOS-CHAVE QUANDO INVERTIDA
Recusar-se a mudar, preso em um mau humor

NUMEROLOGIA
4, reestruturação, reenquadramento

LEITURA GERAL

Pode ser um desafio modificar a sua perspectiva e ficar animado com algo novo quando você pode ter se machucado ou desapontado no passado. Será que a próxima experiência vai ser apenas mais do mesmo? Imagine só nutrir esperanças por nada? Essas são questões típicas colocadas pelo Quatro de Copas. Como as emoções, a água precisa fluir livremente, e nesta carta a energia emocional está estagnada. Em um esforço para se proteger de vivenciar a dor, você deixa de sentir tudo o mais, o que o leva à apatia.

AMOR/RELACIONAMENTOS

Existem novas possibilidades para o amor e o romance está no ar, então tire o seu foco do passado e o redirecione para um futuro de possibilidades ilimitadas. Ficar preso em amores anteriores impede que novas energias entrem em sua vida, mesmo dentro de relacionamentos atuais. Se abra, mesmo que pareça assustador. É hora de deixar as pessoas entrarem!

CARREIRA/DINHEIRO

Você pode estar entediado com o seu trabalho atual ou desencantado com a posição que ocupa. Mudando sua atitude ou tomando medidas para mudar a sua perspectiva você pode alterar radicalmente as suas circunstâncias. Esta mudança começa com você, então certifique-se de observar como as portas começam a se abrir quando você assume o controle de seus sentimentos.

PESSOAL/ESPIRITUAL

Esta carta é como um confronto suave sobre mentalidades ou aspectos de sua prática espiritual que não o empolgam como faziam anteriormente. O Quatro de Copas diz que é hora de se abrir para algo novo. Ao deixar o passado para trás, novas portas se abrirão para você.

INVERTIDA

O Quatro de Copas invertido é muito semelhante ao seu significado na vertical, mas carrega um apego ainda mais profundo ao passado. A insatisfação com a situação atual não pode ser resolvida concentrando-se em eventos passados ou repetindo velhas histórias. Não espere que a sua situação externa mude: a mudança começa por dentro.

PARA REFLETIR
→ Por que você acha que a figura nesta carta está recusando a taça que está sendo oferecida a ela?

CINCO de COPAS

Chorar sobre o leite derramado não te levará longe. Atravesse a melancolia para encontrar seu caminho para a aceitação.

....

No Cinco de Copas, uma figura se destaca. Vestindo um manto negro, indicativo de luto, sua cabeça está curvada em sinal de sofrimento. Diante dele, três taças derramadas sugerem perda, coração partido e tristeza. Há um rio que o separa das construções e das árvores, representando o isolamento físico e a distância. Atrás da figura há duas taças de pé, assim como uma ponte parcialmente obstruída. Se ele pudesse apenas olhar ao redor, veria que nem tudo está perdido: não só há taças que ainda estão cheias, mas há outro caminho pelo qual ele pode retornar à civilização. A jornada pode demandar tempo, mas ele vai chegar lá.

SIGNIFICADOS-CHAVE NA VERTICAL
Luto, tristeza

SIGNIFICADOS-CHAVE QUANDO INVERTIDA
O ponto positivo diante da tragédia, seguindo em frente

NUMEROLOGIA
5, desafio, luta

LEITURA GERAL

O Cinco de Copas pede que você reconheça seus sentimentos de tristeza e decepção. Vá em frente, chore!
O processo de luto leva tempo, mas não vai durar para sempre. As duas taças de pé ficarão cheias novamente conforme você sai da escuridão e redescobre a alegria, a conexão e a satisfação.
Há sempre uma saída.

AMOR/RELACIONAMENTOS

Decepções ou tristeza podem vir à tona em seu relacionamento. Você também pode ser dominado por sentimentos que surgem de uma separação ou da perda de uma relação. Permita-se um período de luto antes de se reconectar ao amor: há sempre esperança.

CARREIRA/DINHEIRO

Um trabalho ou empreendimento que não correu como o esperado criou sentimentos de perda ou tristeza com relação ao trabalho e ao dinheiro.
A decepção em sua carreira está pesando sobre você, mas esses sentimentos são um ponto de inflexão. Uma nova direção para a sua carreira ou parceria surge no horizonte.

PESSOAL/ESPIRITUAL

O processo de luto é necessário para você passar para a próxima fase emocional da sua vida. Isolamento, tristeza e depressão devem ser reconhecidos e tratados com compaixão. Tenha paciência consigo mesmo.

INVERTIDA

O Cinco de Copas invertido em sua leitura é um sinal de esperança, mostrando que você está mudando a forma como percebe uma determinada situação. Vendo o ponto positivo em meio à tragédia e aceitando a verdade, você retorna ao caminho de cura e crescimento.

PARA REFLETIR ....
→ Quando você sentiu a energia pesarosa do Cinco de Copas?

SEIS *de* COPAS

Uma troca amorosa de apoio e cuidado faz com que nos sintamos em casa.

Após um período de luto ou sofrimento, você cruzou a ponte para a energia harmoniosa do Seis de Copas. Um menino e uma menina vestidos como personagens de contos de fadas parecem estar brincando na praça principal de uma ensolarada cidade amarela. O menino entrega uma taça com uma flor branca para a menina. Os dois estão cercados por taças cheias de flores brancas, símbolos da inocência. As crianças, suas fantasias ingênuas e o clima de inocência lúdica, tudo na cena evoca memórias de infância e o desejo de passar um tempo onde você cresceu. Há uma figura no fundo carregando uma lança que parece proteger as crianças enquanto elas brincam. Eles estão seguros e livres de preocupações.

SIGNIFICADOS-CHAVE NA VERTICAL
Harmonia, memórias

SIGNIFICADOS-CHAVE QUANDO INVERTIDA
Nostalgia, vivendo no passado

NUMEROLOGIA
6, harmonia, reciprocidade

LEITURA GERAL

O Seis de Copas pede que você se lembre de quando se sentia seguro, despreocupado e brincalhão. Passar tempo com crianças, se você as tem, ou reconectar-se com sua própria criança interior são ótimas maneiras de acessar o poder desta carta. Você pode, ainda, encontrar formas de passar tempo com velhos amigos ou com pessoas que são como família. Encontrar a alegria que você sentiu quando criança o ajudará a viver o momento presente ao máximo, seja por oferecer apoio ou amor, ou por ajudá-lo a se reconectar com seu espírito juvenil.

AMOR/RELACIONAMENTOS

Você está em um relacionamento amoroso e repleto de apoio, que o faz sentir-se em casa ou envolve crianças. Agora é um excelente momento para considerar levar seu parceiro para conhecer a sua família. Se você ainda não tem um parceiro, pode encontrar alguém com quem possa se abrir sobre o seu passado.

CARREIRA/DINHEIRO

Trabalhar com crianças é muito bom para você. Ter o apoio da sua família, ou sentir como se seus colegas de trabalho fossem uma família, o motiva a se concentrar e alcançar seus objetivos. Tente alimentar sentimentos de harmonia e apoio no ambiente de trabalho.

PESSOAL/ESPIRITUAL

Passar tempo com seus filhos e conectar-se à sua criança interior fará bem a você. Criatividade lúdica e atos de dar e receber amor e apoio trarão grande harmonia para a sua vida. Considere passar um tempo com velhos amigos ou amigos que você sente como se fossem da família.

INVERTIDA

O Seis de Copas invertido em sua leitura pode apontar para uma fixação doentia na nostalgia, ou na crença de que o passado era de alguma forma melhor que o presente. Você deseja que as coisas sejam o que costumavam ser em vez de abraçar as possibilidades que estão diante de você?

PARA REFLETIR
→ Que memória a arte do Seis de Copas desperta em você?

SETE *de* COPAS

Se você pode sonhar, você pode alcançar. Apenas certifique-se de entender as suas escolhas e ter um plano sólido antes de agir a partir das suas emoções.

Imaginar possibilidades infinitas é a atividade retratada no Sete de Copas. Uma figura maravilhada avista sete taças que parecem estar emergindo das nuvens, semelhantes àquelas mostradas no Ás e no Quatro de Copas. São dádivas divinas ou sonhos terrenos da figura que os vê? Cada taça contém um sonho diferente, incluindo riquezas, vitória, amor, sabedoria, paixão, fantasia e poder. A figura deve considerar cuidadosamente o custo desses sonhos, e o que é necessário para transformá-los em realidade.

SIGNIFICADOS-CHAVE NA VERTICAL
Possibilidades, sonhando acordado

SIGNIFICADOS-CHAVE QUANDO INVERTIDA
Ilusões, confusão

NUMEROLOGIA
7, planejamento, contemplação

LEITURA GERAL

As opções apresentadas no Sete de Copas representam sonhos que ainda não foram materializados. Antes que um desejo possa vir a tomar forma, ele existe como potencial energético, como você vê nas taças nesta carta. Em qual copo você quer se concentrar? Se você meditar e olhar para dentro, sua intuição irá conduzi-lo ao que mais ressoa em seu interior enquanto você considera todas as possibilidades.

AMOR/RELACIONAMENTOS

Sua vida amorosa pode estar repleta de escolhas possíveis, e você está sentindo necessidade de clareza em relação aos verdadeiros desejos do seu coração. O relacionamento que você está buscando é possível, mas você precisa canalizar sua energia para identificá-lo. Só então você poderá seguir sua intuição e torná-lo real.

CARREIRA/DINHEIRO

Tantas grandes ideias! Inspiração e sonhar com o futuro são os primeiros passos para a criação de uma carreira gratificante. Escolha uma meta para focar e siga sua orientação instintiva durante as próximas etapas. Cheque com a sua intuição possíveis ofertas de negócios, para garantir que eles ressoem com você.

PESSOAL/ESPIRITUAL

Reserve um tempo para se dedicar aos seus sonhos: pratique participar deles através de visualização ou de meditação guiada. Use elementos de sua prática espiritual para guiá-lo em sua tomada de decisão, ajudando-o a escolher com o coração.

INVERTIDA

O Sete de Copas invertido em sua leitura pode alertar que as aparências frequentemente enganam. Esse é um lembrete para ter cuidado com coisas que parecem boas demais para serem verdade. Tenha cuidado para não apostar todas as suas fichas em algo que suscita emoções extremas, uma vez que a animação intensa pode desaparecer tão rapidamente como se formou. Enxergue a verdade subjacente a cada situação e prossiga com cautela.

PARA REFLETIR

→ Que sonhos despertos você gostaria de transformar em realidade?

OITO de COPAS

Nunca se contente com aquilo que é "bom o suficiente". A melhor opção espera por você quando você a procura.

Depois de lutar contra a desilusão e as falsas promessas, o Oito de Copas mostra que você está finalmente pronto para afastar-se de situações difíceis e contraprodutivas. Sob uma lua crescente e um sol vigilante – representando o eu consciente e o eu intuitivo – , uma figura se afasta de oito taças. Ela está vestida com um manto e botas vermelhos, símbolo de uma paixão baseada no desejo. Esta pessoa provou de cada taça e decidiu que nenhuma delas era satisfatória, então ela deve sair em busca daquilo que a satisfará mais profundamente. O cajado que ela carrega lembra o do Eremita, um símbolo de poder no qual ela se apoia enquanto segue o caminho do fluxo do rio. O rio simboliza a intuição e uma forma dela "sentir" o caminho na escuridão, trilhando seu caminhar sob a luz da lua.

SIGNIFICADOS-CHAVE NA VERTICAL
Indo embora, seguindo em frente

SIGNIFICADOS-CHAVE QUANDO INVERTIDA
Segurando-se ao velho, evitando mudança

NUMEROLOGIA
8, movimento, transição

LEITURA GERAL

O Oito de Copas funciona como um lembrete de que você não precisa se acomodar se sentir que há algo faltando em sua vida. Você não precisa saber exatamente o que é que está faltando, embora deva estar disposto a seguir seu coração e seus instintos para levar uma vida mais significativa. Para percorrer esta jornada, você precisará se livrar de coisas que em algum momento trouxeram felicidade, incluindo pessoas, comportamentos, objetos e lugares. Isso pode parecer angustiante no presente momento, mas não deixe que um lampejo de tristeza o prenda em uma situação por mais tempo ainda. O chamado interno para a ação espera por você.

AMOR/RELACIONAMENTOS

Você está se afastando de um relacionamento que não serve mais pra você. Isso pode significar ainda que você está deixando para trás um padrão de comportamento que não serve ao relacionamento atual, ou que está cultivando o desapego de relacionamentos abusivos para o futuro.

CARREIRA/DINHEIRO

Você está pronto para abandonar um emprego ou uma carreira que não são mais satisfatórios. Você tem se sentido mentalmente esgotado, e agora precisa agir deixando um trabalho, uma carreira ou um projeto que não está alinhado com seus objetivos e ambições.

PESSOAL/ESPIRITUAL

Afastar-se de amizades e associações que não estão alinhadas com as suas crenças pessoais ou com seu caminho espiritual pode ser difícil, mas também necessário. Você está começando a busca por um significado mais profundo em sua vida, seja por meio de viagens, de uma prática espiritual, seja por olhar para dentro de si mesmo.

INVERTIDA

O Oito de Copas invertido em sua leitura pode servir como um gentil lembrete de que você permaneceu em um relacionamento, um trabalho ou uma situação por mais tempo que o necessário. Talvez você tema a mudança, mas agora é a hora de ir embora. Há algo melhor para você, então confie no desconhecido.

PARA REFLETIR

→ O que a figura poderia estar sentindo ao se afastar das taças?

NOVE de COPAS

Sente-se e regozije-se com a abundância que você cultivou, enquanto a gratidão aumenta o fluxo de sucesso.

O Nove de Copas está pleno da energia de abundância, riqueza e segurança. Aqui vemos um homem orgulhosamente sentado na frente de nove taças expostas como troféus. Ele trabalhou duro por essas taças, e está satisfeito com os próprios feitos, como sugere o pano azul que cobre a mesa. O Nove de Copas carrega a energia de cada carta que veio antes, aprendendo cada lição ao longo da estrada. Conhecida como a "carta do desejo" no tarô, o Nove de Copas sinaliza a realização de seus sonhos ou esforços.

SIGNIFICADOS-CHAVE NA VERTICAL
Satisfação, abundância

SIGNIFICADOS-CHAVE QUANDO INVERTIDA
Excesso de indulgência, arrogância

NUMEROLOGIA
9, ciclo quase completo, solidão

LEITURA GERAL

O Nove de Copas sugere que você relaxe e aproveite aquilo que você trabalhou duro para alcançar, e não subestime os seus sucessos. Você percorreu um longo caminho, por seus próprios méritos, e sua abundância agora transborda. Saboreie este momento, compartilhe a sua boa sorte com os outros, e sua generosidade sempre fluirá de volta para você.

AMOR/RELACIONAMENTOS

Um novo nível de felicidade e intimidade é alcançado, seja dentro de um relacionamento existente ou de um que está brotando. Você está atraindo um parceiro feliz e realizado, pronto para um relacionamento sério. O amor e a felicidade transbordam.

CARREIRA/DINHEIRO

Os projetos atuais estão chegando ao fim, então não deixe de celebrá-los antes que você siga em frente para dar as boas-vindas a uma nova ideia. Você pode esperar receber reconhecimento por um trabalho bem feito, ou mesmo ganhar uma promoção. Seguindo a intuição e honrando as suas ideias, você será conduzido a ainda mais prosperidade e abundância.

PESSOAL/ESPIRITUAL

Sua saúde está melhorando, e você consegue colher sentimentos de felicidade e prazer. Faça um desejo e continue a seguir sua orientação intuitiva em seu caminho. Esta carta simboliza abundância em todas as áreas da vida.

INVERTIDA

O Nove de Copas invertido em sua leitura pode revelar arrogância em relação a realizações, e necessidade constante de validação e reconhecimento. Também pode apontar para um excesso de prazeres na vida e para a necessidade de praticar alguma moderação. Quando você pensar na abundância em sua vida, celebre-a expressando gratidão e generosidade.

PARA REFLETIR

→ O que você conseguiu por seus próprios méritos que merece reconhecimento?

DEZ *de* COPAS

O ápice da realização emocional é a porta de entrada para a próxima aventura.

Uma carta comemorativa, cheia de energia de conclusão de ciclo, o Dez de Copas indica que você atingiu o ápice da satisfação emocional. Nela, um casal feliz está de pé, unidos em um abraço, com os braços livres esticados dando as boas-vindas a dez taças brilhantes que aparecem em um arco-íris. Os dois filhos do casal dançam ao lado deles, e um rio atravessa a paisagem exuberante que ocupam, levando o olhar do espectador para uma casa no topo de uma colina. Este casal tem tudo, incluindo amor, uma família feliz e um lar seguro. Eles são gratos por suas vidas prósperas.

SIGNIFICADOS-CHAVE NA VERTICAL
Felicidade, contentamento

SIGNIFICADOS-CHAVE QUANDO INVERTIDA
Desarmonia

NUMEROLOGIA
10, o ciclo completo

LEITURA GERAL

A satisfação emocional parece diferente para cada indivíduo em diferentes estágios de sua vida, então pense no que isso significa para você. Ela pode se manifestar como uma família feliz ou uma comunidade maravilhosa, que se assemelha a uma família. O Dez de Copas se concentra em conquistas nos planos do amor e do sucesso, que preenchem sua vida com serenidade, satisfação e gratidão.

AMOR/RELACIONAMENTOS

Você pode já estar em um relacionamento construído com amor e respeito mútuos, mas o foco no apoio é necessário para vocês darem seus próximos passos juntos. Felicidades na família ou um relacionamento envolvendo crianças pode ocupar o centro de sua vida agora, ou você pode se dar bem com seu ex se compartilha a custódia dos seus filhos.

CARREIRA/DINHEIRO

Você está experimentando sucesso tanto no local de trabalho quanto em casa. Aproveite a sensação de um equilíbrio feliz entre trabalho e vida pessoal, e reconheça qualquer ajuda que você receba de seus colegas de trabalho, que se assemelham a uma família. Se você está ansioso para começar um negócio ou fazer uma mudança positiva na sua carreira, saiba que você conta com o apoio da sua família ou das pessoas ao seu redor.

PESSOAL/ESPIRITUAL

Problemas familiares de longa data estão quase resolvidos, ou você pode estar sendo guiado para uma reunião de família que aproximará a todos. Aproveite a sensação de segurança com seu bem-estar geral e reserve um tempo para comemorar o seu sucesso com as pessoas com quem você se sente em família. Você está no caminho certo para alcançar uma grande meta – em sua carreira ou em sua vida amorosa –, impulsionando você em direção à sua próxima fase com maior estabilidade.

INVERTIDA

O Dez de Copas invertido em sua leitura pode indicar um atraso ou um obstáculo para alcançar a segurança, conquistar um grande objetivo ou criar harmonia dentro de sua dinâmica familiar. Pode haver uma desconexão entre você e um parceiro ou membro da família, mas, como em qualquer inversão, você tem a oportunidade de reverter esta situação. Seja paciente e ouça o seu coração para voltar para o caminho certo.

PARA REFLETIR

→ Como é que a satisfação emocional se parece para você?

VALETE de COPAS

O mensageiro do amor traz boas novas: permaneça aberto a novas experiências emocionais.

Os Valetes são considerados os mensageiros do tarô. A energia juvenil do Valete de Copas pode representar uma criança ou uma pessoa mais jovem em sua vida, ou talvez uma mensagem de sua própria criança interior, pedindo que você se divirta mais. O jovem Valete desta carta usa uma túnica floral extravagante e um lenço esvoaçante ao redor da cabeça. Com uma mão no quadril, ele olha marotamente para o peixe que emerge da taça que está em sua mão. Há um componente de flerte, mistério e brincadeira entre esses dois. O Valete está na terra, enquanto a água flui atrás dele, representando os elementos duplos da terra e da água indicados nesta carta.

SIGNIFICADOS-CHAVE NA VERTICAL
Mensagens de amor, personalidade brincalhona, inteligência emocional

SIGNIFICADOS-CHAVE QUANDO INVERTIDA
Imaturidade, hipersensibilidade

COMBINAÇÕES ELEMENTAIS-CHAVE
Terra e *água*. *Terra* significa a conexão do valete com a natureza e a estabilidade, enquanto o seu lugar no naipe de Copas dá a ele a conexão com a *água*, que representa o amor e o fluxo de emoções.

LEITURA GERAL

O Valete de Copas sente-se confortável sendo quem é, e por isso é livre para se expressar. Esta carta sinaliza inteligência emocional e mensagens em sua vida que te parabenizam por expressar ativamente os seus sentimentos. O Valete pode representar outra pessoa, ou ele poderia ser você. Independente disso, permaneça aberto para receber mensagens de fontes inesperadas, incluindo a sua própria intuição.

AMOR/RELACIONAMENTOS

Notícias de um novo amor estão chegando até você. Se você estiver se sentindo paquerador e romântico, compartilhe seus sentimentos com um parceiro. Canalize sua energia para a diversão, para experimentar encontros criativos e tentar novas atividades com quem você tem interesses amorosos.

CARREIRA/DINHEIRO

Uma nova oportunidade empolgante aparece no horizonte. Vá devagar, mas coloque-se em evidência de uma forma que pareça emocionalmente satisfatória. Suas finanças estão melhorando e você está se tornando mais confiante no trabalho, mesmo que por vezes ainda se sinta um novato. Aprecie os movimentos que fazem com que você se sinta como um iniciante, aproveitando a incrível leveza que emana deles.

PESSOAL/ESPIRITUAL

Entre em contato com a sua criança interior para encontrar maneiras lúdicas de se expressar. Ouça seus instintos sobre quaisquer mensagens ou inspirações que fluem para a sua vida agora. Se você escolher começar novos projetos criativos, aproxime-se deles com a curiosidade da sua criança interior. Aprenda a encontrar o maravilhoso nos momentos mais singelos.

INVERTIDA

O Valete de Copas invertido em sua leitura pode apontar para a incapacidade de se expressar completamente. Você pode estar levando a vida muito a sério, sem dar tempo para a alegria, para brincar ou estar presente no momento. Esta carta também pode servir como um confronto gentil, que pede que você seja mais sensível aos sentimentos alheios. Você demonstrou descuido ou imaturidade recentemente, ou percebeu que está levando tudo para o lado pessoal?

PARA REFLETIR

→ Como você pode incorporar mais diversão na sua vida cotidiana?

CAVALEIRO *de* COPAS

A busca pelo amor traz resultados rápidos, que podem ou não resistir ao teste do tempo. Vá com calma.

Os Cavaleiros são representados em seus cavalos, retornando da nobre missão de apresentar a você aquilo que pediu. O Cavaleiro de Copas cavalga um cavalo branco, orgulhosamente oferecendo a taça premiada. As asas em seu capacete e em seus pés mostram a conexão do cavaleiro com o elemento ar, enquanto seu lugar no naipe de Copas o conecta com a água. O cavalo indica a velocidade em que o Cavaleiro viajou até retornar de sua jornada. Ar e água se movem rapidamente, indicando decisões emocionais precipitadas, feitas no calor do momento.

SIGNIFICADOS-CHAVE NA VERTICAL
Ofertas emocionais, velocidade

SIGNIFICADOS-CHAVE QUANDO INVERTIDA
Perfeccionismo, decepção

COMBINAÇÕES ELEMENTAIS-CHAVE
Ar e *água*. Ar significa a conexão do Cavaleiro com a comunicação e o universo mental, enquanto o seu lugar no naipe de Copas dá a ele a conexão com a *água*, que representa o amor e o fluxo de emoções.

LEITURA GERAL

Considere as motivações por trás dos gestos, incluindo as suas próprias ações. Você está fazendo algo puramente pelo reconhecimento e pela atenção? É fácil ser arrastado por experiências emocionais, como idealizar alguém ou algo. Desacelerar permitirá que você veja a pessoa ou a situação de forma mais clara, e aproveite o processo à medida que ele se desenrola.

AMOR/RELACIONAMENTOS

O parceiro ideal está entrando na sua vida, mas vá com calma enquanto desfruta do romance. Você também pode experimentar sentimentos românticos renovados em seu atual relacionamento, possivelmente incluindo uma proposta ou uma declaração de amor. Você está agindo com base em sentimentos românticos ou se preparando para isso.

CARREIRA/DINHEIRO

Ofertas, novos projetos ou desafios deixam você animado em seu ambiente de trabalho mais uma vez. Um novo chefe ou colega oferece a você a ajuda necessária. Se você estiver se sentindo estagnado, abra sua mente para a inspiração necessária para transformar seu trabalho em algo que você aprecie mais.

PESSOAL/ESPIRITUAL

Boas notícias a caminho vão ajudar você a se sentir otimista em relação à sua saúde. Você pode ter descoberto uma nova fonte de inspiração no seu caminho espiritual. Algo ou alguém que chega traz animação à sua casa – possivelmente um animal de estimação, móveis ou um colega de quarto.

INVERTIDA

O Cavaleiro de Copas invertido em sua leitura pode significar decepção dentro de um relacionamento, especialmente se você tinha grandes expectativas e esperanças que foram frustradas. Talvez um novo romance promissor tenha fracassado muito rapidamente, ou o objeto de seu desejo acabou sendo diferente quando ele apareceu pela primeira vez na sua frente. Esta carta ao contrário também pode indicar que você está se escorando demais em seu desejo de perfeição – tanto seu quanto dos outros. Ajustar suas expectativas em relação a si mesmo e aos outros – e perdoar as pessoas por seu imperfeições – pode ajudá-lo a recobrar um estado emocional mais positivo.

PARA REFLETIR
→ Que aspecto da sua vida está fazendo você se apressar?

RAINHA *de* COPAS

A energia feminina do amor, da maternidade e da proteção ressoa dentro da Rainha de Copas.

As Rainhas no tarô representam a energia feminina, que inclui a receptividade, a criatividade, o carinho e o amor. A Rainha de Copas é totalmente emocional, carregando em si o duplo elemento da água. Ela sente profundamente, expressando suas emoções e andando de peito aberto. Nós vemos a Rainha sentada em um trono decorado com conchas e sereias bebês, significando sua conexão com instintos maternos e a capacidade de criar vida. O trono está cercado por água, então ela realmente está em seu elemento. A coroa de ouro em sua cabeça sugere sua conexão com uma consciência superior, e ela olha para um cálice coberto que está em suas mãos, intuitivamente protegendo seu conteúdo.

SIGNIFICADOS-CHAVE NA VERTICAL
Maternal, energia feminina

SIGNIFICADOS-CHAVE QUANDO INVERTIDA
Desconfiança, distância emocional

COMBINAÇÕES ELEMENTAIS-CHAVE
Água e *água*. A *água* se conecta à energia maternal e amorosa da Rainha, e seu lugar no naipe de Copas significa que ela oferece uma dose dupla de amor e de expansão emocional.

LEITURA GERAL

A Rainha de Copas pode representar uma pessoa real em sua vida que incorpora este conjunto de características, incluindo você, mas esta carta também pode simbolizar a presença energética de emoções intensas em sua vida. Pergunte a si mesmo: existe alguém que andou influenciando as minhas emoções? As minhas próprias emoções têm tentado me dizer algo? Quando eu olho para dentro, quais mensagens preciso absorver sobre cuidados comigo mesmo?

AMOR/RELACIONAMENTOS

Esta carta pode representar um romance maravilhoso, com amor, carinho e um parceiro compassivo. Não tenha medo de demonstrar vulnerabilidade em seus relacionamentos, uma vez que este é um sinal de inteligência emocional que nos leva a uma conexão mais profunda. Ouça seu coração e preste atenção à sua intuição, uma vez que confiar em si mesmo levará a experimentar um amor maior. A Rainha de Copas também pode oferecer indícios de maternidade, filhos e família.

CARREIRA/DINHEIRO

Usar sua intuição em seu local de trabalho revelará novas oportunidades. Permaneça aberto e receptivo à inspiração criativa que vem em sua direção. Você pode notar uma quantidade imensa de energia de cuidado direcionada a um projeto específico, ou pode começar a receber mais apoio de algum colega de trabalho. Você está criando algo que é precioso para você, então proteja suas ideias ao mesmo tempo em que permite que elas respirem e cresçam.

PESSOAL/ESPIRITUAL

Concentre-se no desenvolvimento de suas habilidades intuitivas. Atividades como analisar os próprios sonhos ou registrar no diário as mensagens que você recebe ao dormir podem ajudá-lo a ficar mais em sintonia com seu eu interior. Passe tanto tempo quanto possível com pessoas que inspiram você, e abrace atividades que lhe permitam ser mais criativo. Você também pode encontrar alegria em passar mais tempo aninhado em casa, redecorando e colocando seu amor em tudo o que você faz.

INVERTIDA

A Rainha de Copas invertida pode indicar que você está sentindo ciúme ou inveja, ou que outra pessoa está sentindo ciúme ou inveja de você. Pode também apontar para o sentimento de desconfiança e cautela diante de outras pessoas. Esta carta pode estar pedindo que você se abra sobre seus sentimentos, sem se preocupar com julgamentos ou rejeições. Se há alguém na sua vida que se provou ser indigno de confiança, uma desconexão saudável pode ser necessária.

PARA REFLETIR

→ O que a Rainha de Copas pediria para você cuidar em si mesmo?

REI *de* COPAS

A energia masculina agindo a partir de um lugar de compaixão e amor está dentro do Rei de Copas.

No Tarô, os Reis são os mestres de seus naipes, representando estabilidade, autoridade e energia masculina saudável. O Rei de Copas representa os elementos de fogo e de água, que coexistem em harmonia, sem que um domine o outro. O Rei está sentado em um trono de concreto que parece estável, apesar de flutuar na água. O navio ao fundo representa a tomada de ação para ele mesmo, e também em nome de todos os passageiros a bordo. Ele pode navegar por águas de profundidade emocional sem que as ondas o puxem para o fundo do mar. Muitas pessoas confiam no Rei, e ele é amoroso, empático e intuitivo em resposta às necessidades alheias.

SIGNIFICADOS-CHAVE NA VERTICAL
Estabilidade emocional, empatia

SIGNIFICADOS-CHAVE QUANDO INVERTIDA
Desconfiança, falta de limites

COMBINAÇÕES ELEMENTAIS-CHAVE
Fogo e *água*. *Fogo* significa a conexão do Rei com a ação e a liderança, enquanto o seu lugar no naipe de Copas dá a ele conexão com a *água*, que representa o amor e o fluxo de emoções.

LEITURA GERAL

O Rei de Copas pode representar uma pessoa que incorpore as qualidades de empatia, compaixão e inteligência emocional, e toma medidas para assegurar os próprios limites, sem, no entanto, deixar de estar atento às pessoas ao seu redor. Esta pessoa pode ser você! Esta carta também pode representar a energia de uma situação que requer o estabelecimento de limites e a expressão da compaixão.

AMOR/RELACIONAMENTOS

Você foi abençoado pela presença de um parceiro estável, sensível e emocionalmente inteligente. Pode levar um pouco de tempo até que vocês se abram um para o outro, mas, uma vez que os muros caiam, há um potencial maravilhoso para um amor profundo. Traga a energia da compaixão, da empatia e do apoio para o seu relacionamento, a fim de aprofundar esta conexão.

CARREIRA/DINHEIRO

Você está assumindo uma função de liderança no trabalho, ou os outros o veem como um líder. Você pode estar organizando pessoas em relação a uma causa ou evento. Esta carta indica que você já está em uma carreira estável ou está capitalizando uma oportunidade de investimento financeiro inteligente. Ouça o seu instinto em vez de analisar ou intelectualizar no local de trabalho – isso o levará a resultados positivos.

PESSOAL/ESPIRITUAL

Você está trabalhando para a criação ou a manutenção de limites fortes em seus relacionamentos. Permita-se confiar na presença de pessoas que podem apoiá-lo emocionalmente durante tempos difíceis. Também pode significar que você está em posição de apoiar outras pessoas e fornecer orientação. Outras pessoas podem contar com você para a liderança em um projeto criativo.

INVERTIDA

O Rei de Copas invertido pode indicar limites frágeis ou instabilidade emocional em você ou ao seu redor. Tome cuidado sobre em quem você confia para te oferecer apoio, e esteja ciente de que, em vez disso, pode ser necessário cavar mais fundo, em suas próprias reservas. Também pode significar que você duvida da sua própria capacidade de liderança, enquanto outras pessoas o procuram para receber orientação. Pode haver problemas de comunicação em um futuro próximo, levando à mágoa ou a sentir-se rejeitado simplesmente porque a outra pessoa não é capaz de se abrir completamente. Tente não levar para o lado pessoal.

PARA REFLETIR

→ Como você se vê no Rei de Copas?

CAPÍTULO 6

Arcanos Menores: Ouros

CADA UM DOS quatro naipes do tarô retrata sua própria jornada elemental. Os Ouros representam o naipe elemental da terra e os signos de terra na astrologia: Touro, Virgem e Capricórnio. Ouros são símbolos de dinheiro, do corpo físico, da natureza, da estabilidade e de todas as coisas abundantemente tangíveis. Uma maneira fácil de se lembrar de que os Ouros estão associados com dinheiro, saúde e estabilidade é pensar sobre a frase "Dinheiro não dá em árvores", já que, no entanto, o dinheiro é feito de papel, e o papel vem das árvores! A ideia de "plantar sementes para o crescimento futuro" é outro lembrete do elemento terra. Também considere a estabilidade, e como estar se sentindo estável consigo mesmo pode ser considerado um estado de "aterramento". Para muitos de nós, a estabilidade diz respeito a possuir uma quantidade adequada de riqueza.

ÁS *de* OUROS

Um novo e próspero começo se desenrola à sua frente. Esteja aberto para receber as dádivas divinas.

O Ás de Ouros traz a dádiva de um novo começo, enraizado no elemento terra. Nesta carta nós vemos a mão do divino surgindo entre as nuvens para oferecer uma moeda dourada adornada com um pentáculo. Abaixo da moeda há um belo jardim, com flores exuberantes desabrochando, simbolizando grande abundância e prosperidade. Aqui, no jardim, você tem tudo o que precisa para garantir o seu sucesso. Pegue aquilo de que necessita conforme você se aventura para além do arco floral, rumando para o mundo e confiando que você plantou sementes que formarão raízes sólidas para ancorá-lo à terra quando a vida apresentar qualquer tipo de circunstância desafiadora.

SIGNIFICADOS-CHAVE NA VERTICAL
Novos começos, abundância

SIGNIFICADOS-CHAVE QUANDO INVERTIDA
Abundância adiada

NUMEROLOGIA
1, novo começo, o indivíduo

LEITURA GERAL

O Ás de Ouros significa uma oportunidade ou dádiva do universo no reino material. Este presente pode surgir como um novo trabalho ou uma soma inesperada de dinheiro. Como esta carta fala sobre novos começos, pode indicar que você está dando os primeiros passos para aumentar sua prosperidade e cultivar mais abundância para si mesmo. Esta mudança possui um potencial ilimitado de crescimento, então agarre-o, e veja até onde ele pode levá-lo!

AMOR/RELACIONAMENTOS

Um novo amor está chegando na sua vida, ou você está nas fases iniciais de um relacionamento importante que está prestes a se tornar mais sólido e estável. Você pode sentir necessidade de levar um relacionamento existente a um novo nível de compromisso por meio de uma decisão compartilhada, como comprar uma casa juntos. Agora é um momento de grande abundância e estabilidade em sua vida amorosa, então relaxe e aproveite a recompensa.

CARREIRA/DINHEIRO

Um novo emprego, um aumento ou uma oportunidade irá se apresentar em breve, e isto significará aumento de renda e estabilidade. Imóveis e novas propriedades serão favorecidos se você estiver procurando por um espaço novo de trabalho. Você está pronto para buscar um novo plano de carreira, que oferecerá mais estabilidade e abundância.

PESSOAL/ESPIRITUAL

Você está seguindo um novo caminho de autocuidado e bem-estar, que refletirá em sua boa saúde. Fique de olho em novas oportunidades para criar estabilidade e riqueza, como uma herança ou um presente generoso.

INVERTIDA

O Ás de Ouros invertido em sua leitura indica que há uma oportunidade se apresentando que você é incapaz de enxergar. Talvez seja porque você está tentando demais fazer algo funcionar, ou então pode estar indo na direção errada. O universo pede que você relaxe e abra mão de sua necessidade de controle. Tente permanecer aberto à ajuda divina! Talvez você não consiga reconhecer o que está bem na sua frente porque não se parece com aquilo que você tinha imaginado.

PARA REFLETIR
→ Que dádiva está sendo oferecida pelo Ás de Ouros?

DOIS de OUROS

Alcançar o equilíbrio é possível quando você se concentra em priorizar o que é mais importante.

Você está em um ponto de seu desenvolvimento pessoal em que se sente pronto para integrar mudanças de vida importantes e alcançar o senso de equilíbrio mostrado pelo Dois de Ouros. A figura nesta carta está segurando dois pentáculos conectados pelo símbolo do infinito, significando que um afeta diretamente o outro. A figura está de pé, enquanto tenta equilibrar essas energias. Atrás dela, dois navios navegam por águas turbulentas, representando a luta para encontrar estabilidade em meio à agitação emocional.

SIGNIFICADOS-CHAVE NA VERTICAL
Equilíbrio, estabilidade

SIGNIFICADOS-CHAVE QUANDO INVERTIDA
Tensão, irresponsabilidade

NUMEROLOGIA
2, harmonia, equilíbrio

LEITURA GERAL

Equilibrar sua agenda com obrigações pessoais pode ser complicado. O Dois de Ouros pede que você flua com as suas emoções em vez de permitir que elas o desestabilizem e o desequilibrem. Sempre que você fizer um esforço para levar a sua vida para a próxima fase, sua rotina e sua zona de conforto serão interrompidas momentaneamente. Esta é uma parte normal da expansão, mas para aproveitá-la de forma saudável, você precisará de moderação. Aceite apenas aquilo com o que você consegue lidar e peça ajuda quando se sentir sobrecarregado.

AMOR/RELACIONAMENTOS

Equilibrar um relacionamento com a sua agenda pode ser difícil quando o amor é tão divertido. Aproveite o seu romance, mas certifique-se de que você está reservando tempo para todo o restante. Você pode em breve ter que escolher entre dois relacionamentos, ou perceber que o malabarismo entre vários parceiros está fazendo com que você negligencie suas responsabilidades. Esforce-se para manter o equilíbrio enquanto você aproveita sua vida romântica.

CARREIRA/DINHEIRO

Use sua energia para gerenciar suas finanças ou equilibrar seu orçamento para maximizar seu dinheiro. Você pode precisar escolher entre o seu trabalho atual e projetos pessoais. Esforce-se para achar o ponto de equilíbrio entre a energia que você deposita em sua carreira e em sua vida doméstica. Em outras palavras, não se mate de trabalhar!

PESSOAL/ESPIRITUAL

Você pode estar tendo problemas para encontrar o equilíbrio entre a sua vida social e a profissional. Escolher entre a sua paixão e aquilo que você acha que deveria estar fazendo pode ser desafiador. Confie que você será capaz de lidar com todos os aspectos da sua vida, apesar de quaisquer desafios inesperados.

INVERTIDA

O Dois de Ouros invertido em sua leitura pode indicar tensões em sua vida que o fazem se sentir desequilibrado ou desestabilizado. Isso pode indicar que você não está sendo responsável com o seu dinheiro, ou que você está gastando desnecessariamente quando deveria estar poupando. Esses desafios são momentâneos, e o equilíbrio pode ser facilmente restaurado ao identificar como você se afastou de seu caminho e voltar a se alinhar com ele.

PARA REFLETIR

→ Em que área da sua vida você precisa de mais equilíbrio?

TRÊS de OUROS

Uma expansão próspera está na palma da sua mão enquanto você atravessa confiantemente novas janelas de oportunidades.

Você já trabalhou para criar equilíbrio em sua vida, e agora está pronto para as oportunidades de expansão apresentadas pelo Três de Ouros. Na carta vemos três pessoas reunidas em uma conversa animada, colaborando para criar um plano que irá mudar suas vidas para melhor. O homem de pé no banco é o artesão: ele possui um conhecimento valioso e por isto está de pé, elevado em relação às duas outras figuras, confiante ao explicar a sua visão. Três pentáculos esculpidos na arquitetura simbolizam que este trabalho colaborativo é estável e duradouro.

SIGNIFICADOS-CHAVE NA VERTICAL
Sucesso, novas portas se abrindo

SIGNIFICADOS-CHAVE QUANDO INVERTIDA
Esgotamento, falta de confiança

NUMEROLOGIA
3, colaboração, expansão

LEITURA GERAL

O Três de Ouros pede que você compartilhe suas ideias com confiança, e aceite projetos e trabalhos que atiçem suas paixões. Seu trabalho não apenas será bem recebido pelos outros, mas também abrirá novas portas. Este é o próximo nível de prosperidade que você estava esperando, então não duvide de suas habilidades e de seus talentos. Você tem o que é necessário para construir o futuro próspero dos seus sonhos.

AMOR/RELACIONAMENTOS

Arrisque-se, mesmo que você se sinta intimidado. Passe tempo com pessoas que o inspirem e motivem, uma vez que isso o coloca em posição de conseguir conhecer outras pessoas por meio de amigos. Relacionamentos existentes podem crescer e florescer mediante projetos de expansão de natureza criativa ou relacionada ao lar.

CARREIRA/DINHEIRO

Sua carreira está prestes a te oferecer novas oportunidades. Candidate-se ao emprego que o amedronta, deixe as pessoas saberem que você está disponível ou dê os primeiros passos para iniciar o seu próprio negócio. Agora é o seu momento de brilhar.

PESSOAL/ESPIRITUAL

Uma confiança crescente em meio ao medo fará com que você cresça e se expanda em diversos campos. Considere trabalhar com suas habilidades de falar em público ou tornar-se visivelmente ativo dentro de sua comunidade. Estabelecer sua presença e aumentar seu público em seu campo de trabalho irá levá-lo à realização pessoal.

INVERTIDA

O Três de Ouros invertido em sua leitura pode sugerir uma falta de confiança ou um medo esmagador de levar seu trabalho adiante. Está na hora de deixar a sua zona de conforto se você está pensando seriamente no seu próprio crescimento. Você também pode estar se sentindo esgotado pelo trabalho, então lembre-se de que tirar uma folga não vai atrapalhar a sua carreira. Permitir-se descansar vai reenergizá-lo, então não se exija demais.

PARA REFLETIR
→ Como a vida se pareceria se você se arriscasse mais e se permitisse sonhar mais alto?

QUATRO *de* OUROS

Apegar-se demais ao mundo material jamais satisfará sua necessidade de estabilidade.

As portas da abundância estão abertas para você, mas você precisa reavaliar sua relação com recursos e estabilidade. No Quatro de Ouros, nós vemos um homem cercado de abundância, usando uma coroa e sentado sobre um trono. Apesar de ter todas as coisas de que precisa, ele parece incerto sobre o prazo de validade de sua boa sorte. Uma moeda está acima de sua coroa, indicando que ele está sempre pensando em dinheiro, enquanto ele aperta outra moeda sobre o peito, mostrando que ele está emocionalmente atado à fortuna. Por fim, as duas moedas restantes que estão sob seus pés mostram-nos que o senso dele de segurança está diretamente relacionado com quanto dinheiro ele possui. Com tanta ênfase em precisar ver a manifestação física da estabilidade, há pouco espaço para criar mais abundância por meio da generosidade e de abrir-se aos ilimitados poderes criativos do universo.

SIGNIFICADOS-CHAVE NA VERTICAL
Construindo estabilidade, conservando recursos

SIGNIFICADOS-CHAVE QUANDO INVERTIDA
Materialismo, comportamentos controladores

NUMEROLOGIA
4, estrutura, criando estabilidade

LEITURA GERAL

Sentir segurança financeira é uma preocupação para todos, e, uma vez que você tenha atingido certo nível de conforto, é fácil direcionar o foco para manter o que se conseguiu e deixar de lado o potencial de crescimento. O Quatro de Ouros pede que você reconheça sua estabilidade e segurança, mas lembre-se de que você sempre terá o que precisa. Tome conta do que você conseguiu sem, no entanto, fechar-se para novos caminhos para a abundância. Você alcançou ou está para alcançar estabilidade, então dê a si mesmo um pouco de crédito pelo seu trabalho duro.

AMOR/RELACIONAMENTOS

Você, ou seu parceiro, está esperando se sentir mais seguro financeiramente antes de comprometer-se de uma forma mais séria, como comprar um anel de noivado, comprar uma casa ou começar uma família. O planejamento cuidadoso não é estimulante, mas a sensação de estabilidade é necessária antes que um de vocês se sinta confortável para dar o próximo passo.

CARREIRA/DINHEIRO

É a segurança financeira que está motivando suas escolhas de carreira, em vez da paixão ou da criatividade. Você optou por seguir uma carreira mais tradicional ou está sendo conservador em relação ao seu dinheiro e a investimentos. Na sua posição atual, você está esperando por uma prova física em vez de agir a partir de sua orientação intuitiva em termos de negócios.

PESSOAL/ESPIRITUAL

Seus dons naturais são abundantes, então não foque apenas em termos de dinheiro para se sentir seguro. Se você está guardando dinheiro para o futuro ou para uma meta específica, você está sendo bastante conservador com seus recursos. Esta carta serve como um lembrete para ser generoso, uma vez que dar aos outros traz mais prosperidade para a sua própria vida.

INVERTIDA

O Quatro de Ouros invertido pode mostrar que você está focando demais na parte material da vida. Estabilidade mental e emocional são tão importantes quanto a estabilidade material, mesmo que você não veja os resultados tangíveis delas refletidos em sua conta bancária. A insegurança não pode ser curada ao acumular riquezas e posses. É hora de olhar para dentro em vez de para fora. Esta carta também pode indicar que você está sendo muito controlador, e que é preciso relaxar. Escute a sua intuição: o que ela diz para guiá-lo de volta ao equilíbrio?

PARA REFLETIR
→ A que tipo de recursos você tende a se agarrar?

CINCO de OUROS

Focar em seus medos não trará abundância para a sua vida. Redirecione sua atenção para sentir-se próspero e observe as circunstâncias mudarem diante de seus olhos.

Com o Cinco de Ouros, você é levado a examinar sua fé em um universo abundante durante tempos difíceis. As duas figuras da carta parecem empobrecidas e sofrendo fisicamente enquanto marcham pela neve. Elas passam pelos belos vitrais de uma igreja que retratam uma árvore com cinco moedas douradas, representando um santuário espiritual acolhedor, que oferece trabalhos de caridade. No entanto, as duas figuras não se sentem dignas da caridade, e estão determinadas a andar teimosamente em direção ao declínio.

SIGNIFICADOS-CHAVE NA VERTICAL
Focando no que está faltando, sentindo-se física ou financeiramente esgotado

SIGNIFICADOS-CHAVE QUANDO INVERTIDA
Superando desafios e seguindo em frente

NUMEROLOGIA
5, desafio, dificuldades

LEITURA GERAL

O Cinco de Ouros indica sentimentos de falta e perda, e de medo da escassez. Essas emoções podem ter sido causadas pela perda de um emprego ou por um conjunto de circunstâncias que levaram a uma falta de recursos. Quando você foca no que te falta pode ser difícil enxergar a ajuda que pode estar próxima. Quando você troca a mentalidade de "ver para crer" para "crer antes de ver" a abundância é criada dentro de você. O reconhecimento do seu valor, combinado com sua fé no divino, pode tirá-lo de qualquer período de perda.

AMOR/RELACIONAMENTOS

Terminar um relacionamento é desestabilizante, e isso pode fazer com que seja ainda mais difícil abrir-se e confiar em um novo parceiro. Mas para experimentar o amor e toda a sua abundância, você precisa amar mesmo com todas as suas preocupações a respeito da instabilidade. Uma relação turbulenta pode tê-lo levado a se tornar medroso ou a duvidar de si mesmo, mas tenha esperança de que uma resolução pode ser alcançada, mesmo que ela possa ser o fim da própria relação.

CARREIRA/DINHEIRO

Você está lutando contra o medo de perder um emprego ou contra a instabilidade financeira de uma forma geral. Esta carta pode realmente representar a perda de um emprego ou algo menos concreto, mas, a despeito dos detalhes, suas ações baseadas no medo o estão guiando para algo que será melhor para você. Tenha fé no que há de vir, mesmo se você se sentir desconfortável no momento. Você vai conseguir o que precisa.

PESSOAL/ESPIRITUAL

Mude seu foco do mundo material para o mundo espiritual para lidar com medos acerca de estabilidade financeira e recursos. Soluções criativas vão aparecer quando você pedir orientação divina. Questões de saúde podem estar pairando sobre a sua vida no momento, mas foque sua mente na cura em vez de no sofrimento.

INVERTIDA

O Cinco de Ouros invertido em sua leitura pode indicar que você está ultrapassando desafios financeiros que vinha experimentando, mas ainda tem medos persistentes sobre voltar a passar dificuldades. Focar em sua prática espiritual ou simplesmente escolher ter fé de que a situação está mudando dará a você a energia necessária para liberar-se de sentimentos de falta e perda.

PARA REFLETIR
→ Como você pode lidar com a sensação de escassez?

SEIS *de* OUROS

Dar e receber abre o fluxo de prosperidade na sua vida. Sempre dê o que você gostaria de receber.

Você está diante da generosidade e da troca quando você tira o Seis de Ouros. Nesta carta, um homem rico oferece moedas às pessoas que estão se ajoelhando diante dele. Ele está em uma posição superior à dos outros, no entanto, segura uma balança em sua mão como um lembrete de que a igualdade é importante, assim como compartilhar o que se tem com os que têm menos. Esta carta é tanto sobre dar generosamente quanto sobre receber graciosamente. Atos de apoio altruístas e genuínos são a marca desta carta.

SIGNIFICADOS-CHAVE NA VERTICAL
Generosidade, partilha de recursos

SIGNIFICADOS-CHAVE QUANDO INVERTIDA
Generosidade interesseira, desigualdade

NUMEROLOGIA
6, harmonia, generosidade

LEITURA GERAL

O Seis de Ouros pergunta qual é a sua relação com os atos de dar e receber? Dar oferece sua própria recompensa nos bons sentimentos que fluem do fato de ser generoso. Receber pode às vezes deixar você se sentindo indigno ou pouco merecedor, especialmente quando você não tem nada a oferecer em troca. Não se sinta obrigado a retribuir da mesma fonte que você recebeu, uma vez que ela está satisfeita com o simples ato de dar. Em vez disso, lembre-se desses momentos de gentileza, e dê aos outros quando a oportunidade se apresentar. Quanto mais confortável você estiver em receber, mais abundância fluirá para a sua vida.

AMOR/RELACIONAMENTOS

Um relacionamento baseado em um cuidado genuíno e em dar e receber se apresenta na sua vida ou está a caminho. Um parceiro generoso ou presente está chegando, então esteja aberto para recebê-lo. Agora é o momento perfeito para compartilhar e conectar-se profundamente dentro de um relacionamento.

CARREIRA/DINHEIRO

Uma oferta generosa, sorte financeira inesperada ou um grande retorno de investimento estão a caminho. Você está recebendo de volta aquilo que depositou em um projeto, e sentindo-se bem por isso. Mantenha seus olhos abertos para uma oportunidade de aumento ou promoção, mas também considere ajudar alguém no trabalho que necessita de recursos ou ajuda financeira.

PESSOAL/ESPIRITUAL

Uma herança ou um presente inesperado está chegando para você, ou você pode estar pensando em doar para a caridade ou para uma pessoa que precise. Considere doar itens do seu armário ou casa para aqueles que precisam, uma vez que fazendo isso você criará espaço para receber de outras fontes.

INVERTIDA

O Seis de Ouros invertido pode vir como um alerta sobre a generosidade interesseira, ou para investigar as intenções por trás de um ato. Isso pode se relacionar a você, lidando com a expectativa de receber algo em troca e ficando decepcionado. Tente doar seu tempo, sua energia e recursos para pessoas e situações em que a única recompensa que você pode esperar é o prazer de ter sido útil.

PARA REFLETIR

→ Como você pode ser mais generoso hoje?

SETE *de* OUROS

Você precisa cultivar o seu jardim, sabendo que ele é potencialmente farto e pode alimentá-lo pelos anos que virão, antes que você veja os frutos de seu trabalho.

Esta carta demanda paciência enquanto você dá passos pequenos para realizar o seu trabalho. O Sete de Ouros mostra que um projeto, uma ideia ou um relacionamento no qual você vem trabalhando não está ainda completamente formado. O homem nesta carta é mostrado apoiado em seu ancinho, olhando para a sua plantação de pentáculos. Ele está trabalhando nela há bastante tempo, auxiliando seu crescimento. Ao parar para olhar o que fez até o momento, o homem percebe que ainda não atingiu o seu objetivo, e se sente frustrado, em vez de orgulhoso de si por ter chegado até onde chegou. A pausa é a motivação que ele precisa para redirecionar o próprio foco e voltar ao trabalho. Ele sabe em seu coração que olhar para os belos pentáculos não vai fazer com que eles cresçam mais rápido.

SIGNIFICADOS-CHAVE NA VERTICAL
Crescimento, paciência

SIGNIFICADOS-CHAVE QUANDO INVERTIDA
Impaciência, procrastinação

NUMEROLOGIA
7, planejamento, contemplação

LEITURA GERAL

Você está tão próximo de alcançar seu objetivo! No entanto, não é tempo de celebrar ainda. Quando você faz uma pausa para olhar o seu progresso, o faça com gratidão, e não com frustração. Você precisa se lembrar de que a jornada rumo à conquista é uma aventura, e não um destino. Como você pode extrair mais alegria do trabalho que você está fazendo? Acredite que, quando chegar o tempo certo, os frutos de seu trabalho vão estar perfeitamente maduros, e então será o momento de celebrar.

AMOR/RELACIONAMENTOS

Você pode estar com pressa de chegar a um ponto específico de um relacionamento, mas tente ir devagar e aproveitar a aventura imbuída neste momento. O universo trará o relacionamento certo para você também no tempo certo. Seja paciente e continue a investir em autocuidado.

CARREIRA/DINHEIRO

Você pode estar decepcionado pela sua situação em seu emprego atual, sentindo que você poderia ter avançado em sua carreira, mas isso é parte do processo. Tenha fé que, com perseverança, você será capaz de atingir as suas metas. Tenha paciência e continue a se dedicar ao seu trabalho com afinco.

PESSOAL/ESPIRITUAL

Você está muito próximo de ver resultados tangíveis para os seus esforços, então não desista! Seu autocuidado diário ou sua rotina espiritual está trazendo, aos poucos, as mudanças que você tem esperado. Tenha uma atitude positiva e fique grato pelas pequenas promessas que você guarda para si, uma vez que elas se acumulam ao longo do tempo.

INVERTIDA

O Sete de Ouros invertido em sua leitura pode sugerir que você não tem trabalhado para alcançar suas metas com convicção suficiente, e está ficando frustrado e impaciente. Esta carta invertida também pode revelar que a procrastinação é a maior razão que faz com que você ainda não tenha visto os resultados esperados. Supere quaisquer resistências internas renovando e revisitando seu plano de ação. Às vezes sua meta precisa apenas de um ajuste para você retomar seu curso.

PARA REFLETIR

→ O que está crescendo no Sete de Ouros que ainda está para ser colhido?

OITO de OUROS

A única forma de se tornar hábil em algo é continuar praticando. Vale a pena desenvolver os seus talentos.

O Oito de Ouros fala sobre tornar-se um mestre no ofício escolhido. O aprendiz nesta carta trabalha com diligência para melhorar suas habilidades. Ele sabe que o sucesso é uma combinação de educação e aplicação prática. Nenhum passo pode ser evitado se ele tenciona colher as recompensas financeiras por seus esforços. Ele está feliz em executar o trabalho, uma vez que acredita em si mesmo e não tem problemas em repetir as mesmas tarefas dia após dia. Em seu coração, ele sabe que está trabalhando para alcançar a mestria.

SIGNIFICADOS-CHAVE NA VERTICAL
Trabalho duro, produtividade

SIGNIFICADOS-CHAVE QUANDO INVERTIDA
Esgotamento, trabalhar demais, ser subvalorizado

NUMEROLOGIA
8, movimento, transição

LEITURA GERAL

O Oito de Ouros aparece para lembrá-lo de que, quando você faz o que ama, você vai amar o que quer que venha a fazer. Sucesso financeiro e segurança são produtos de seu trabalho árduo e dedicação, e o nível de sucesso que você pode alcançar depende de você. Se você tem trabalhado duro para aprender algo ou avançar em seu campo, seus esforços não passarão despercebidos. Continue o excelente trabalho!

AMOR/RELACIONAMENTOS

Esta não é a carta mais estimulante, mas pode indicar que o parceiro, ou você mesmo, está dedicado a construir uma base estável para o relacionamento e uma possível família. Um de vocês pode ser viciado em trabalho, mas isso é porque há o desejo de assegurar o futuro. Tire um tempo para se divertir, caso a pessoa em questão seja você!

CARREIRA/DINHEIRO

Trabalho duro e dedicação estão fazendo com que você trilhe o caminho da prosperidade financeira. Se você continuar assim, vai subir degraus na escada do sucesso, seja dentro de uma empresa ou construindo a sua própria. Aprender e tornar-se proficiente em uma nova habilidade vai aumentar a sua renda ao permitir que você troque de carreira ou encontre uma forma passiva para receber dinheiro.

PESSOAL/ESPIRITUAL

O que você tem estudado ou praticado vai levá-lo à plenitude. Cultivar sua prática espiritual pode levá-lo a trabalhar com artes de cura. Acredite que você pode fazer qualquer coisa para a qual você coloque sua intenção, e que você pode atingir o sucesso trabalhando diligentemente com algo que você gosta.

INVERTIDA

O Oito de Ouros invertido em sua leitura pode indicar que você está se sentindo esgotado. Você pode estar considerando deixar seu trabalho ou sentindo-se desconfortável a respeito da carreira que você escolheu para si. Você sente como se estivesse trabalhando muito duro sem alcançar nada significativo? Seja honesto consigo enquanto responde essa pergunta difícil, e lembre-se de que nunca é tarde demais para recomeçar.

PARA REFLETIR

→ Que projeto pessoal o Oito de Ouros significa para você?

NOVE *de* OUROS

Deleite-se com a sua prosperidade, sentindo gratidão por tudo o que você foi capaz de alcançar.

O Nove de Ouros implora que você relaxe e aproveite o ambiente confortável que você criou para si mesmo. Uma mulher está em seu jardim, serena e sem medo de sujar as mãos, apesar de seu manto luxuoso (que lembra o manto usado pela Imperatriz). Ela sabe como receber as energias de abundância, e está igualmente apta a realizar qualquer trabalho para cuidar de sua casa. Um pássaro com um capuz está pousado na mão dela, símbolo de seu instinto de se proteger do materialismo enquanto aproveita a prosperidade.

SIGNIFICADOS-CHAVE NA VERTICAL
Sucesso, prazer

SIGNIFICADOS-CHAVE QUANDO INVERTIDA
Materialismo, falta de apreciação

NUMEROLOGIA
9, auge, solidão

LEITURA GERAL

O Nove de Ouros simboliza um tempo de alegria e de sentir-se seguro. Você trabalhou duro, fez escolhas inteligentes a respeito de seu dinheiro e investiu com sabedoria. Você também valoriza a caridade e a generosidade, certificando-se de dividir sua abundância com outras pessoas. É tempo de aproveitar o mundo que você cultivou para você tão meticulosamente. Não há necessidade de se preocupar com a escassez, uma vez que você possui tudo o que precisa. Vá em frente e tire umas férias ou compre algo significativo para você: você merece.

AMOR/RELACIONAMENTOS

Foque em seu próprio prazer sem se sentir culpado. Se você está solteiro, você está fazendo um excelente trabalho amando a si mesmo, mas saiba que há potencial para conhecer alguém que compartilha seus valores e que poderá se tornar um parceiro romântico firme. Faça algo especial por você em vez de esperar pela iniciativa de um parceiro. Seu senso de valor vem de dentro.

CARREIRA/DINHEIRO

Você alcançou a segurança financeira, então relaxe e aproveite o que você conquistou. Tire uns dias se você andou trabalhando demais, uma vez que descanso e relaxamento vão recarregá-lo para quando você estiver de volta. O trabalho pode esperar! Você ainda estará seguro financeiramente após umas merecidas férias.

PESSOAL/ESPIRITUAL

Você pode colocar sua energia na transformação de sua casa em um espaço mais pessoal e confortável, redecorando ou renovando. Ou você pode ficar longe de casa, tirando férias e relaxando. Foque no que trará a você mais paz: a completude rejuvenescerá o seu espírito.

INVERTIDA

O Nove de Copas invertido em sua leitura serve como um lembrete gentil a respeito de gastos demasiados ou tendências materialistas. Se isso ressoa para você, contenha seus gastos e comportamentos financeiros insustentáveis. A inversão também pode indicar trabalho excessivo e não separar tempo para aproveitar a vida, outra prática insustentável. Ouça a sua intuição para entender onde reside o seu desequilíbrio.

PARA REFLETIR
→ Qual das suas conquistas o deixa mais orgulhoso?

DEZ de OUROS

Este é o ápice da prosperidade. Isso permite que você crie a partir de um novo lugar de fartura, ao lado daqueles que você ama.

Uma carta de riqueza e recompensas compartilhadas, o Dez de Ouros mostra três gerações de uma família aproveitando a companhia uns dos outros no jardim exuberante da propriedade familiar. A família está rodeada por dez pentáculos, mostrando que eles não precisam se preocupar com as finanças. Os dois cachorros são símbolos de lealdade, enquanto a representação de crianças, adultos e um idoso ilustra o processo de maturidade que se desenrola ao longo da vida.

SIGNIFICADOS-CHAVE NA VERTICAL
Riqueza, família, herança

SIGNIFICADOS-CHAVE QUANDO INVERTIDA
Perda, ruptura com a tradição

NUMEROLOGIA
10, ciclo completo

LEITURA GERAL

O Dez de Ouros representa o amor dentro da família que mais o apoia ao longo de sua vida, mesmo que não seja a sua família de origem. Concentre-se em passar tempo com as pessoas que você ama e criando uma rede de prosperidade que vai doar generosamente para aqueles que necessitam. Isso pode significar uma herança para você, ou quer dizer que você está começando a guardar fundos que beneficiarão seus filhos, a velhice de seus parentes ou um parceiro. Aproveite o presente enquanto planeja um futuro próspero.

AMOR/RELACIONAMENTOS

Você está (ou está prestes a estar) em uma relação que possui um potencial para se tornar algo de longo prazo, incluindo casamento, compra de propriedade, criação de uma família e aproveitar a terceira idade. Esta carta indica que você busca valores tradicionais, recursos abundantes e generosidade dentro de um relacionamento.
Agora é um bom momento para levar seu parceiro para conhecer sua família ou apresentá-lo para seu grupo de amigos.

CARREIRA/DINHEIRO

Se você está considerando começar ou entrar em um negócio de família, você terá o apoio de sua família e uma série de recursos. Você pode estar entrando em uma parceria com amigos próximos. Generosidade e apoio estão sendo oferecidos a você, ou você pode estar oferecendo estas coisas para outras pessoas em seu local de trabalho.

PESSOAL/ESPIRITUAL

Comprar uma casa ou herdar uma propriedade ou dinheiro são possibilidades atuais. Você também está vendo uma generosidade evidente de sua família ou membros importantes de seu círculo social. Você terá muito amor e apoio para aprofundar-se em seus sonhos, especialmente quando buscar conselhos de pessoas que você respeita e que são mais velhas e sábias.

INVERTIDA

O Dez de Ouros invertido pode representar um momento desafiador dentro de sua família. Você pode se sentir controlado pelas expectativas de seus pais, irmãos ou parceiro e querer fugir para forjar o seu próprio caminho. Conflitos sobre imóveis e disputas dentro de casa podem acontecer. A inversão pode representar ainda o medo de seguir para o próximo estágio, uma vez que o lugar de conforto foi atingido, a despeito da sua intuição estar dizendo que é tempo de mudar.

PARA REFLETIR
→ Como seria sucesso material total para você?

VALETE *de* OUROS

O mensageiro da prosperidade traz notícias sobre estabilidade. Permaneça realista e entusiasmado em sua abordagem.

Como um dos mensageiros do tarô, o Valete de Ouros tem uma energia jovem e pode representar uma criança ou uma pessoa mais jovem em sua vida, ou uma mensagem de sua criança interior, impulsionando você a plantar sementes de prosperidade futura. De pé em um belo campo, este Valete olha com orgulho para o pentáculo em suas mãos. Sua túnica verde e o ambiente natural referenciam sua conexão com a terra, enquanto seus olhos estão fixos no pentáculo, mostrando que ele tem a visão concentrada em atingir os seus objetivos.

SIGNIFICADOS-CHAVE NA VERTICAL
Manifestação, inícios sólidos

SIGNIFICADOS-CHAVE QUANDO INVERTIDA
Procrastinação, não ter um plano sólido

COMBINAÇÕES ELEMENTAIS-CHAVE
Terra e *terra*. A *terra* significa a conexão do Valete com a natureza e a estabilidade, e seu lugar no naipe de Ouros também o conecta com a *terra*, então este Valete oferece uma dose dupla de praticidade e pés no chão.

LEITURA GERAL

O Valete de Ouros pode ser um novato ou alguém trabalhando para estabelecer-se em um novo lugar ou profissão. Esta carta pode representar trabalhar nos estágios iniciais de um projeto ou começar um novo caminho. Aquilo para o que você está trabalhando tem raízes fincadas na realidade e pode crescer em abundância duradoura, com foco no esforço contínuo. Esteja aberto para receber mensagens de uma variedade de fontes, especialmente de sua própria intuição.

AMOR/RELACIONAMENTOS

Um novo relacionamento que está florescendo tem o potencial de se tornar mais estável. Este parceiro pode estar nos estágios iniciais de conquistas pessoais, focado em realizar as próprias metas. Esforçar-se para construir uma fundação sólida é um uso digno de sua energia. Esta carta pode ser mais prática do que romântica, mas indica que sua vida romântica está centrada em uma pessoa estável e confiável, ou em achar uma pessoa com essas qualidades.

CARREIRA/DINHEIRO

Você está encontrando novos começos prósperos em seu ambiente de trabalho, uma oportunidade de investimento ou uma nova ideia para um negócio – tudo o que demanda um planejamento cuidadoso. Você pode estar desenvolvendo um novo interesse profissional, uma nova habilidade ou fonte de renda. Você tem trabalhado com foco, e está fazendo um progresso constante. Desenvolva suas ideias sem se apressar.

PESSOAL/ESPIRITUAL

Esta carta pode indicar que você está começando um novo projeto criativo, uma nova rotina de saúde ou prática de bem-estar. Mantenha-se focado e saiba que os estágios iniciais podem, por vezes, ser frustrantes. Escute sua intuição para guiá-lo aos próximos passos práticos que o impulsionarão para a frente.

INVERTIDA

O Valete de Ouros invertido pode representar procrastinação com tarefas importantes e pedir que você redirecione o foco ou reajuste a sua abordagem se você almeja conseguir bons resultados. Esta inversão pode sugerir também frustração relacionada à falta de progresso em alcançar sua meta ou o desejo de pular etapas e chegar logo à linha de chegada. Se você está colocando energia em um projeto ou esforço que não está indo para onde você gostaria, talvez seja o momento de ir fazer outras coisas.

PARA REFLETIR

→ Que novo caminho você está pensando em seguir?

CAVALEIRO *de* OUROS

A busca pela prosperidade avança devagar, mas de forma constante. O verdadeiro sucesso demanda tempo, então não apresse o processo.

Os Cavaleiros no tarô são representados em seus cavalos, retornando de uma nobre missão para apresentar a você o item elemental que você requisitou. O Cavaleiro de Ouros é o único Cavaleiro no tarô cujo cavalo parece estar parado, o que salienta a sua conexão com o elemento terra. Seu cavalo é preto para evocar um senso de proteção. Sua contemplação cuidadosa do pentáculo em sua mão simboliza a conexão que ele possui com o elemento ar, o elemento do intelecto. O Cavaleiro sabe que, para trazer a abundância que deseja, você precisará exercitar a paciência e fazer escolhas inteligentes. Ele tem a prosperidade garantida, porque presta atenção aos detalhes e é metódico em suas ações.

SIGNIFICADOS-CHAVE NA VERTICAL
Abundância a longo prazo, progresso estável

SIGNIFICADOS-CHAVE QUANDO INVERTIDA
Hesitação, complacência

COMBINAÇÕES ELEMENTAIS-CHAVE
Ar e *terra*. *Ar* significa a conexão do Cavaleiro com a comunicação, enquanto o seu lugar no naipe de Ouros o conecta à *terra*, que representa estabilidade e conexão com a natureza.

LEITURA GERAL

O Cavaleiro de Ouros não fica impressionado com esquemas para ficar rico da noite para o dia, ou qualquer tipo de atalho preguiçoso. Ele entende que colocar um esforço sólido diariamente produzirá resultados mais duradouros e significativos. Isso é verdade também para as tarefas diárias mundanas. Estar presente de forma completa e entusiasmada em todas as áreas da sua vida – não apenas naquelas sobre as quais você é passional – cria abundância de diversas maneiras. Estabeleça metas realistas para evitar o esgotamento, e sua rotina se transformará em uma prática diária bem-sucedida.

AMOR/RELACIONAMENTOS

Como parceiro, a pessoa de quem você gosta pode não ser a mais emocionante ou pode não possuir uma personalidade chamativa, mas é estável, responsável e confiável. Mais sensual do que passional, esta pessoa gosta de fazer as coisas devagar. Juntos vocês estão criando um relacionamento fundado na confiança e na estabilidade, em vez de em emoções e intensidade. Dito isso, talvez você precise ir com calma se quiser que seu relacionamento dure.

CARREIRA/DINHEIRO

Um investimento que você fez parece estar evoluindo devagar, mas seja paciente! Ele vai produzir resultados prósperos se você deixá-lo desdobrar-se organicamente. Continue trabalhando continuamente por suas metas enquanto permanece paciente e realista a respeito de suas expectativas. Se você está procurando por um emprego ou considerando uma mudança de carreira, permaneça otimista, uma vez que uma oportunidade perfeitamente alinhada pode aparecer.

PESSOAL/ESPIRITUAL

Ações pequenas, mas significativas, para concretizar suas metas pessoais ou uma rotina de bem-estar é a melhor aposta agora. Logo você começará a ver mudanças positivas na sua saúde ou conta bancária. Lembre-se de contar com amigos confiáveis ou membros da família quando você precisar de apoio.

INVERTIDA

O Cavaleiro de Ouros invertido pode demonstrar hesitação para agir. Esta inversão também pode indicar uma complacência pouco saudável em um emprego ou relacionamento, causando estagnação. Ouça sua intuição e se pergunte onde você pode fazer mudanças positivas para redirecionar sua energia e voltar ao fluxo.

PARA REFLETIR

→ O que você gostaria que o Cavaleiro de Ouros lhe oferecesse?

RAINHA *de* OUROS

A energia feminina do cuidado e da confiança, assim como uma forte conexão com a natureza, estão no cerne da Rainha de Ouros.

As Rainhas, no tarô, representam a energia feminina, que inclui receptividade, criatividade, cuidado e amor, conectada ao elemento água. A Rainha está profundamente conectada à natureza e ao elemento terra, como é mostrado pelas belas flores e videiras que cercam seu trono. Ela tem uma relação saudável com seu corpo, e segue seu instinto na hora de tomar decisões. Ela é realista, confiável, responsável e sábia. A Rainha de Ouros segura seu pentáculo amorosamente. Ela olha para o pentáculo, mas também para além dele, para a própria terra. Seus pés estão plantados firmemente no chão, e ela sabe que seus recursos ilimitados devem ser repartidos com todos.

SIGNIFICADOS-CHAVE NA VERTICAL
Generosidade, confiabilidade

SIGNIFICADOS-CHAVE QUANDO INVERTIDA
Materialismo, não confiável

COMBINAÇÕES ELEMENTAIS-CHAVE
Água e *terra*. *Água* significa a conexão da Rainha com o amor e as emoções, enquanto seu lugar no naipe de Ouros a conecta com a *terra*, que representa estabilidade e conexão com a natureza.

LEITURA GERAL

A Rainha de Ouros pode representar uma pessoa que incorpora essas características, incluindo você, ou a presença de uma energia confiável, quase maternal em sua vida. Pergunte a si mesmo sobre a qualidade das pessoas que o apoiam em sua vida, seu relacionamento com o próprio corpo e como você pode se conectar com a natureza para se sentir pleno.

AMOR/RELACIONAMENTOS

Esta carta pode representar um parceiro afetuoso, confiável, sensual e estável. Também pode indicar que você leva essas qualidades para um relacionamento, ou pode descrever o relacionamento em si. Acredite que essas qualidades são necessárias se você quer construir uma parceria forte e duradoura. Tirar esta carta também pode significar maternidade, fertilidade e o começo de uma família.

CARREIRA/DINHEIRO

O apoio de alguém em quem você se espelha – como um chefe, mentor ou *coach* – vai ajudar a impulsionar a sua carreira. Você está fazendo avanços positivos para alcançar suas metas, escute sua intuição e faça escolhas sábias. Nunca duvide que você tem o apoio de sua família e de amigos próximos, pessoas dedicadas a ajudá-lo a sentir-se bem com o sucesso em sua carreira.

PESSOAL/ESPIRITUAL

A Rainha de Ouros pode estar pedindo que você examine sua relação com sua figura materna, cuide de sua criança interior ou conecte-se com as crianças da sua vida. Esta carta indica que você deve tomar conta do seu corpo, focando no seu bem-estar e passando tempo na natureza. Tomar conta de sua casa, cozinhar ou praticar jardinagem pode ajudá-lo a relaxar.

INVERTIDA

A Rainha de Ouros invertida pode indicar uma ênfase exagerada em aspectos materiais da vida e uma necessidade de equilibrá-los ao entrar em contato com o seu lado espiritual. Também pode apontar para alguém na sua vida que não merece a sua confiança. Em vez de sentir raiva, tenha uma conversa com esta pessoa sobre expectativas e faça ajustes quando necessário. Essa inversão também pode apontar para alguém que tem muita influência sobre seu processo de tomada de decisão. Talvez você esteja tentando agradar alguém às custas da sua felicidade.

PARA REFLETIR
→ Qual é a sua conexão com a natureza e sua abundância?

REI *de* OUROS

Estável e com os pés no chão, a energia masculina da ação, com autoridade e generosidade, é incorporada pelo Rei de Ouros.

Os Reis são os mestres de seus naipes, representando estabilidade, autoridade e uma saudável energia masculina. O Rei de Ouros engloba os elementos do fogo e da terra, que coexistem em harmonia, sem que um domine o outro. O Rei usa um rico manto com estampas de videiras e uma coroa adornada com flores. Seu trono está situado em um jardim exuberante, enquanto atrás dele temos uma vista parcial de seu magnífico castelo. Ele tem tudo o que precisa e aproveita a vida luxuosa, enquanto isso, provê a vida das pessoas que moram e trabalham em seu castelo.

SIGNIFICADOS-CHAVE NA VERTICAL
Riqueza, generosidade

SIGNIFICADOS-CHAVE QUANDO INVERTIDA
Ganância, autocentramento

COMBINAÇÕES ELEMENTAIS-CHAVE
Fogo e *terra*. *Fogo* significa que o Rei tem conexão com a paixão, a ação e a liderança, enquanto seu lugar no naipe de Ouros o conecta com a *terra*, que representa estabilidade e conexão com a natureza.

LEITURA GERAL

O Rei de Ouros pode representar uma pessoa com estabilidade financeira, generosidade e determinação. Essa pessoa pode ser você! Pode também representar a energia de uma situação que requer que você assuma o papel de líder, tome decisões financeiras em nome de outros ou aja para alcançar um objetivo. Pode requerer que você use seus recursos para o benefício de outros.

AMOR/RELACIONAMENTOS

Esta carta pode representar um parceiro generoso e financeiramente próspero entrando em sua vida, ou um parceiro ou relação existente alcançando um novo nível de maturidade financeira e responsabilidade. Se é este o caso, você pode sentir que está pronto para dar os próximos passos para construir um lar ou uma família juntos. O Rei de Ouros evoca uma relação em que ambos podem relaxar e aproveitar segurança e prosperidade. Vocês podem celebrar esta alegria compartilhada tirando férias ou investindo em um presente que mime os dois.

CARREIRA/DINHEIRO

Maior sucesso financeiro e estabilidade estão ao seu alcance. Um parceiro ou investidor está chegando para ajudá-lo a atingir suas metas. Isso pode significar que você usará recursos, como providenciar redes de contatos com outros ou servir como mentor para alguém que está tentando entrar em sua área de atuação.

PESSOAL/ESPIRITUAL

Você está sentindo uma energia masculina saudável dentro de si ou ao seu redor, talvez por causa do apoio de uma figura paterna, da sua figura paterna interior ou do pai de seus filhos. Você pode estar pensando em formas de ser mais generoso com seus recursos, seja financiando causas baseadas em suas paixões ou passando mais tempo com pessoas necessitadas.

INVERTIDA

O Rei de Ouros pode indicar alguém que é ambicioso ou está focado apenas na riqueza material. Pode ser uma figura paterna ou mesmo você sendo duro consigo mesmo, forçando demais para produzir resultados. Talvez você esteja batendo de frente com alguém que se importa apenas com as aparências exteriores ou se entrega a toda sorte de comportamentos autocentrados. Olhe para além da superfície para enxergar a verdade. Você pode estar tendo problemas com sua própria generosidade, em partilhar os recursos que você conquistou.

PARA REFLETIR

→ Como você pode ser mais generoso com os seus recursos?

   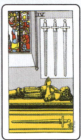

CAPÍTULO 7

Arcanos Menores: Espadas

AS ESPADAS REPRESENTAM o naipe
elemental do ar e os signos de ar na astrologia:
Gêmeos, Libra e Aquário. Espadas são símbolos
de pensamentos, ideias e palavras faladas,
bem como da comunicação escrita.
Uma maneira fácil de lembrar que Espadas
estão associadas a comunicação, pensamentos
e ideias é se lembrar das expressões
"espada da verdade", "a verdade dói" e
"a caneta é mais poderosa que a espada".
Quando alguém fala mal de você para outras
pessoas, você diz que foi "esfaqueado pelas costas".
Existem vários exemplos que comparam espadas
a várias formas de comunicação, embora
muitos pareçam desagradáveis.

ÁS de ESPADAS

A dádiva da clareza e das novas ideias é oferecida a você. Esteja aberto para receber este presente do divino.

O Ás de Espadas traz para você o dom do novo começo, oferecendo uma visão clara e novas ideias. Nesta carta vemos a mão do divino emergindo de uma nuvem, oferecendo uma única espada com uma coroa no topo. A coroa é símbolo da consciência e das ideias claras que você recebeu e está pronto para colocar em ação, como mostrado pelas samambaias que pendem dela e se assemelham a uma guirlanda de vencedor. Abaixo da mão e da espada há uma cadeia de montanhas, representando a capacidade do seu Eu Superior de ver muito além do solo para receber este *insight* do plano divino.

SIGNIFICADOS-CHAVE NA VERTICAL
Clareza, novas ideias

SIGNIFICADOS-CHAVE QUANDO INVERTIDA
Confusão, indecisão

NUMEROLOGIA
1, novos começos, o indivíduo

LEITURA GERAL

Quando o Ás de Espadas aparece em uma leitura, ele aponta para ideias brilhantes, clareza mental e uma visão aguçada necessária para agir rapidamente. Pode sugerir que uma ideia nova ou emergente requer ação imediata para vir à luz. Entrar em uma conversa ou confronto importante com alguém irá conduzi-lo a um melhor resultado. Este Ás representa o primeiro passo emocionante em um processo. Confie em sua intuição para guiá-lo pelas próximas ações. Este é um sinal encorajador!

AMOR/RELACIONAMENTOS

Não hesite em investir em uma nova relação ou oportunidade. Novas ideias e clareza em um relacionamento existente o levarão a uma direção positiva. Esta carta também pode significar que a comunicação em seu relacionamento foi melhorada, ou será melhor da próxima vez que você se relacionar com alguém.

CARREIRA/DINHEIRO

Você está descobrindo novas ideias para aumentar ou expandir seu negócio. Clareza e discernimento sobre como melhorar sua situação financeira finalmente começam a emergir. Este é um momento de novos começos em sua carreira, o que pode incluir começar um negócio ou ganhar uma promoção na empresa em que você trabalha.

PESSOAL/ESPIRITUAL

Atenda ao chamado para aprofundar sua prática espiritual ou desenvolver seus dons psíquicos e intuitivos. Se você sentir uma súbita inspiração em sua vida pessoal ou espiritual, apenas aja, e não se preocupe com os detalhes. Você será guiado pelas próximas etapas, mas para abrir o portal para esta orientação você deve ser ousado e iniciar a ação. Você pode notar melhorias na comunicação e clareza com amigos e pessoas com quem você passa mais tempo.

INVERTIDA

O Ás de Espadas invertido em sua leitura pode sugerir confusão ou falhas na comunicação. Peça ativamente por clareza ou mais informações em vez de analisar uma situação ou interação à exaustão. Esta inversão também pode significar sentir-se derrotado, indeciso, ou não ouvido. Mesmo que o confronto seja difícil, é o melhor caminho para lidar com sentimentos feridos.

PARA REFLETIR ....

→ Que dádiva de clareza está sendo ofertada pelo Ás de Espadas?

DOIS de ESPADAS

Recusar a enxergar a verdade não apenas bloqueia a sua intuição, mas também previne qualquer outro tipo de movimento, deixando-o preso no limbo.

Quando múltiplas opções são apresentadas, a indecisão pode impedir que você faça uma escolha audaciosa. O Dois de Espadas incorpora esta inabilidade de se comprometer com um único caminho. Nele, uma mulher usando uma venda nos olhos é forçada a confiar na própria intuição, uma vez que a visão dela foi obscurecida. Ela segura um par de espadas junto ao peito, como que para se defender da dor. Suas costas estão voltadas para o mar, com diversas rochas aparentes, como se ela pudesse fingir que ele não existe, mas a intuição dela não a deixa permanecer na ignorância. Ela precisa tomar uma decisão, mas o medo da dor a impede de seguir adiante.

SIGNIFICADOS-CHAVE NA VERTICAL
Indecisão, autoproteção

SIGNIFICADOS-CHAVE QUANDO INVERTIDA
Manipulação, intuição bloqueada

NUMEROLOGIA
2, dualidade, escolha

LEITURA GERAL

A indecisão é tão dolorosa quanto o medo que você sente ao escolher a inação. O medo de fazer a escolha errada irá paralisá-lo e aprisioná-lo. Entrar em contato com pessoas para pedir conselhos e apoio pode ajudar a acalmá-lo, mas, em última análise, escutar a sua própria intuição e agir por conta própria trará o alívio que você busca.

AMOR/RELACIONAMENTOS

Você está ignorando sinais de alerta ou se recusando a tomar uma decisão em relação a um parceiro ou um relacionamento? Você pode ser forçado a escolher entre dois parceiros ou pesar opções complexas em um único relacionamento existente. Quando você evita o conflito ou o confronto para evitar o risco de sentir dor, você está se limitando. Tente se libertar de seus medos e se abrir para o amor.

CARREIRA/DINHEIRO

Pense bem em todas as opções antes de tomar uma decisão sobre sua carreira ou um investimento. Você se encontra indeciso e evitando decisões financeiras por medo de resultados negativos. Não hesite demais: escute sua intuição e escolha opções que fazem sentido em um nível praticamente instintivo.

PESSOAL/ESPIRITUAL

Você tem protegido a si mesmo da dor por medos que provêm de más experiências passadas. Reservar um tempo para colocar seus pensamentos em ordem antes de tomar uma grande decisão é algo sábio a ser feito, mas não demore demais. Se você está se sentindo indeciso ou defensivo sobre fazer escolhas em sua vida, lembre-se de que a única pessoa que sabe o que é melhor para você é você mesmo. Você pode fazer escolhas corajosas se conseguir confiar em si mesmo.

INVERTIDA

O Dois de Espadas invertido em sua leitura pode sugerir que você esteve permitindo que os pensamentos e as opiniões alheios pesassem demais sobre as suas costas. Isso pode ter impedido você de receber mensagens claras de sua intuição. Para alcançar decisões que estão alinhadas com o seu verdadeiro eu, abaixe o volume das outras vozes e sintonize-se em seu próprio monólogo interno.

PARA REFLETIR
→ Que escolhas de vida desafiadoras estão representadas pelo Dois de Espadas?

TRÊS *de* ESPADAS

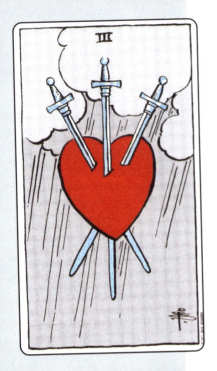

Sentir dor é um estado temporário, mas a memória da dor permanece quando não é reconhecida.

Nesta carta icônica, três espadas trespassam um coração vermelho suspenso em um céu tempestuoso, enquanto a chuva cai em volta dele. As espadas representam palavras grosseiras, pensamentos negativos e memórias dolorosas guardadas no fundo de seu coração. O céu é a atmosfera consciente da mente, nublado pela tristeza. A chuva, um símbolo para as lágrimas, aponta para a importância de extravasar emoções e purificar a si mesmo dessas experiências dolorosas.

SIGNIFICADOS-CHAVE NA VERTICAL
Tristeza, dor

SIGNIFICADOS-CHAVE QUANDO INVERTIDA
Recuperação, liberação da dor

NUMEROLOGIA
3, colaboração, expansão

LEITURA GERAL

Com o Três de Espadas você ganha uma oportunidade de abraçar e reconhecer verdades desoladoras e a dor que as acompanha. Isso pode estar relacionado a uma situação presente ou algo em seu passado que está impactando as circunstâncias presentes. Se você abrir seu coração e sua mente, sua intuição irá guiá-lo para o sentido do Três de Espadas. Aceite essas emoções com compaixão, e use esta oportunidade para liberação e cura. Aceite que tudo o que deixa a sua vida cria espaço para algo novo, que se encaixa melhor em seu caminho atual.

AMOR/RELACIONAMENTOS

Términos ou decepções em um relacionamento atual ou passado estão pesando em sua mente. Aceitar uma verdade dolorosa ou uma rejeição é um passo importante, assim como permitir-se um tempo para se curar e processar seus sentimentos. Rejeição é um redirecionamento: algo melhor espera por você.

CARREIRA/DINHEIRO

Você está lidando com sentimentos associados à tristeza em torno de sua carreira, possivelmente devido a uma perda de emprego ou notícias decepcionantes. Esta carta também pode representar discussões com colegas de trabalho. Encarar uma verdade triste no ambiente de trabalho pode ser desconfortável, mas você precisa processar a perda e se permitir a cura se você quer seguir adiante em uma nova direção.

PESSOAL/ESPIRITUAL

Contar com a sua prática espiritual o ajudará a atravessar tempos difíceis. Usar a autorreflexão como método para entender as lições por trás do sofrimento e da decepção o estimulará a estar em maior comunhão consigo mesmo.

INVERTIDA

O Três de Espadas invertido em sua leitura pode revelar que, mesmo que a tristeza esteja presente, você está no caminho para recuperar-se e livrar-se da dor que acompanha a decepção e o sofrimento. Este período difícil não vai durar para sempre, então olhe para o futuro em busca de novas experiências. Esta inversão também serve como um lembrete de que você deveria evitar levar seu medo de sofrer para novas situações.

PARA REFLETIR

→ Que história a sua tristeza conta? Por qual nova história você gostaria de substituí-la?

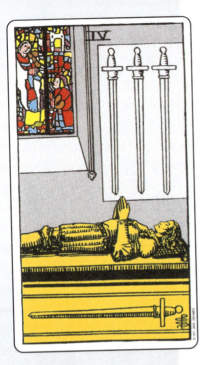

QUATRO de ESPADAS

Tirar um tempo para relaxar e descansar a cabeça é um aspecto necessário na vida. Depois disso você poderá seguir adiante com mais energia e uma mente mais clara.

Você está exausto após uma experiência intensa, então o Quatro de Espadas pede que você não tenha pressa ao olhar para dentro de si, descansar e se recuperar. O Cavaleiro é retratado como uma efígie no topo de uma tumba, mas esta carta não significa morte. Em vez disso, simboliza o descanso profundo. As mãos do Cavaleiro estão juntas em uma pose de prece, que é usada na meditação, no ioga e em várias religiões. A tumba em si evoca silêncio e um tempo longe do barulho do mundo. As espadas penduradas na parede pedem ao Cavaleiro para que deixe suas armas de batalha descansarem, enquanto uma espada permanece ao lado dele, significando que ele está pronto para reagir quando necessário.

SIGNIFICADOS-CHAVE NA VERTICAL
Descanso, introspecção

SIGNIFICADOS-CHAVE QUANDO INVERTIDA
Impossibilidade de descansar, evitando a autorreflexão

NUMEROLOGIA
4, estrutura, estabilidade

LEITURA GERAL

O Quatro de Espadas é um período de recuperação na jornada das Espadas. Ele te pede um tempo para relaxar, acalmar sua mente e exercitar a introspecção. Se você está se sentindo estressado ou ansioso, a meditação e um bom sono são encorajados. Permitir-se descansar cria espaço dentro da sua mente para receber ideias e mensagens intuitivas que levam a soluções. Durante este tempo você também pode focar na autorreflexão, em exercícios de respiração e em outras modalidades que acalmem seu sistema nervoso.

AMOR/RELACIONAMENTOS

Tirar uma folga de conhecer pessoas ou afastar-se de um relacionamento pode fazer maravilhas para deixá-lo mais perto de encontrar uma pessoa especial. Na verdade, você pode estar precisando de algum tempo sozinho para avaliar suas prioridades e concentrar-se em você mesmo antes de mergulhar novamente no mundo do amor.

CARREIRA/DINHEIRO

Você tem se sentido estressado no trabalho e está precisando de um tempo para si, possivelmente umas férias. Mesmo um pequeno período de tempo longe do escritório, como um dia de folga, tem poder suficiente para rejuvenescê-lo. Incorporar técnicas de gerenciamento de estresse em sua rotina diária traz aumento de produtividade e um estado mental mais seguro e sustentável.

PESSOAL/ESPIRITUAL

Conseguir um tempo para meditar e focar em seu caminho espiritual pode te fazer muito bem. Incorporar mais solidão e autorreflexão na sua vida pode afetar fortemente a sua felicidade e seu bem-estar. Uma carta de recuperação, o Quatro de Espadas pode estar relacionado a um período de recuperação de uma doença ou um tempo para buscar tratamento médico, terapia ou aconselhamento.

INVERTIDA

O Quatro de Espadas invertido em sua leitura pode sugerir inquietude ou tentativas de evitar a autorreflexão e o tempo do silêncio. Você pode não querer descansar, uma vez que você parece estar em um impulso, mas você precisa confiar que encontrar a paz interior vai ajudá-lo a sustentar sua produtividade a longo prazo. Este é um aviso sobre como você pode estar à beira do esgotamento, e pode estar precisando equilibrar seu rendimento físico ou mental com um descanso reparador.

PARA REFLETIR

→ O que você pode fazer para relaxar sua cabeça?

CINCO de ESPADAS

Conflitos são desagradáveis para todo mundo, mas mesmo perdendo, ainda assim você pode ir embora com dignidade.

Há diversos níveis de questões enterradas no Cinco de Espadas. Um jovem presunçoso segura duas espadas em uma das mãos, enquanto outra espada está espetada na terra e as duas restantes estão caídas aos seus pés. À distância, duas figuras caminham em direção à água, derrotadas e visivelmente chateadas. Retratando as repercussões de uma batalha, esta carta está cheia de conflito e emoção, significando antagonismo e perda, ou vitória às custas da destruição de relacionamentos importantes.

SIGNIFICADOS-CHAVE NA VERTICAL
Conflitos, discussões

SIGNIFICADOS-CHAVE QUANDO INVERTIDA
Libertação, deixando ressentimentos de lado

NUMEROLOGIA
5, desafio, conflito

LEITURA GERAL

O Cinco de Espadas ensina a você que conflito, discussões e brigas são parte normal de todos os relacionamentos, mas como você se comporta durante esses momentos vai ajudá-lo a evoluir. Comece por entender os seus gatilhos. É mesmo tão importante que você dê a última palavra? O que essas disputas por poder podem te ensinar? Há vezes em que é igualmente importante saber quando se afastar de uma situação hostil.

AMOR/RELACIONAMENTOS

Uma discussão ou uma conversa desagradável precisa acontecer para que você chegue a uma resolução pacífica. Se a relação ou o parceiro o deixa se sentindo constantemente derrotado, é provavelmente a hora de se afastar dessa relação. Discussões acaloradas com um parceiro para inflamar a paixão e a intensidade é um padrão pouco saudável. Procure formas mais produtivas e benéficas de viver a paixão com o outro.

CARREIRA/DINHEIRO

Você pode se ver discutindo com colegas de trabalho ou lidando com hostilidades ostensivas no local de trabalho. Talvez você esteja trabalhando sob uma gerência difícil, que o desvaloriza, fazendo com que você se sinta impotente. Reconheça quando for o tempo de ir embora de um espaço, time ou projeto que não pode ser recuperado pacificamente. Ouça as dicas intuitivas que o guiam para longe de pessoas ou de um ambiente de trabalho tóxico.

PESSOAL/ESPIRITUAL

Reserve um tempo para a autorreflexão sobre sentimentos de raiva, e pergunte a si mesmo como eles podem te educar sobre seu poder pessoal. Conflitos com a família e amigos próximos podem ajudar a renovar essas relações se você dedicar sua energia a encontrar a raiz da hostilidade. Lidar com os sentimentos feridos de forma direta frequentemente gera uma melhora na comunicação.

INVERTIDA

O Cinco de Espadas invertido em sua leitura pode sugerir que é tempo de deixar o passado descansar e liberar velhos rancores para seguir em frente. Concentre-se em atingir uma trégua após o conflito. Você pode ser guiado intuitivamente para perdoar alguém e criar um desfecho para a situação. Mesmo se você não fala diretamente com a pessoa, você pode se libertar perdoando alguém em sua própria mente e no seu coração.

PARA REFLETIR
→ É mais importante estar certo ou manter a paz?

SEIS de ESPADAS

Seguir em frente significa encontrar paz no presente enquanto mantém a esperança no futuro. Acredite que o pior já passou.

Após vencer uma série de conflitos e desafios, você está pronto para encarar a jornada serena apresentada pelo Seis de Espadas. Nesta carta vemos três figuras de costas para o espectador navegando em um barco por águas agitadas, em direção a uma costa pacífica. O homem guiando o barco representa a energia de ação focada, masculina, enquanto a figura sentada pode ser presumida como feminina, imóvel sob uma capa com capuz. Ela representa a energia feminina, intuitiva, enquanto a criança sentada próxima a ela pode representar a criança interior. As seis espadas na frente deles dentro do barco representam o movimento impulsionador dos pensamentos, levando os personagens em segurança pelas águas, simbolizando as emoções.

SIGNIFICADOS-CHAVE NA VERTICAL
Seguindo em frente, embarcando em uma jornada de cura

SIGNIFICADOS-CHAVE QUANDO INVERTIDA
Dificuldades para seguir em frente, permanecer no lugar

NUMEROLOGIA
6, equilíbrio, harmonia

LEITURA GERAL
O Seis de Espadas oferece um alívio bem-vindo do conflito, pedindo que você siga rumo à libertação, tanto mental quanto emocionalmente. Esta carta pode ser interpretada literal ou metaforicamente, uma vez que a jornada de cura pode ser feita dentro de você ou pode estar conectada a uma jornada no mundo físico que você fará para se dar distância e espaço. Se esta carta sinaliza uma viagem, ela será benéfica para você, e um elemento importante da sua jornada de cura.

AMOR/RELACIONAMENTOS
Você pode estar superando um relacionamento ou uma fase difícil dentro de uma relação, e seguindo rumo a tempos mais harmoniosos. Considere morar com o seu parceiro ou mudar-se para um novo espaço para começar ou aumentar sua família. Tempos melhores estão chegando para todos.

CARREIRA/DINHEIRO
Você pode estar deixando em breve um emprego ou uma situação para trás, e encontrando melhores oportunidades de carreira. Mudanças positivas estão chegando para as suas finanças. A possibilidade de mudança por causa de trabalho está no horizonte: quando a oportunidade finalmente aparecer, confie nela.

PESSOAL/ESPIRITUAL
Você atingiu um novo nível em sua jornada espiritual/curativa, e agora está se encaminhando para um período de paz após muita luta. Mudanças ou planos de viagem podem fazer bem ao seu espírito convalescente.

INVERTIDA
O Seis de Espadas invertido em sua leitura pode significar um atraso ou uma inabilidade de sair de uma situação difícil. Peça à sua intuição para guiá-lo por entre questões que ainda precisam ser resolvidas. Esta inversão também pode indicar que planos de viagem podem estar sujeitos a atrasos. Concentre-se em saber onde você está no presente momento em vez de seguir adiante com planos futuros.

PARA REFLETIR
→ Se você fosse um passageiro neste barco, para onde estaria indo?

SETE *de* ESPADAS

Escute sua intuição para ajudá-lo a ver o que foi tirado ou escondido de você, bem debaixo do seu nariz.

Você encontrou o famoso ladrão do tarô, o Sete de Espadas! Um homem sorrindo maliciosamente está escapando enquanto carrega cinco espadas. Ele parece ter se esgueirado de uma tenda, e deixa duas espadas para trás. O fundo amarelo sugere que suas ações são feitas à luz do dia, sem qualquer tentativa de esconder o que ele está fazendo, uma vez que o amarelo representa a consciência. Como todas as espadas, estas representam ideias, pensamentos e formas de comunicação, então o roubo não necessariamente representa um objeto físico sendo furtado por você ou de você.

SIGNIFICADOS-CHAVE NA VERTICAL
Engano, estratégia

SIGNIFICADOS-CHAVE QUANDO INVERTIDA
Desorganização, paranoia

NUMEROLOGIA
7, planejamento, contemplação

LEITURA GERAL

O Sete de Espadas avisa sobre a possibilidade de fraudes e mentiras. Ou alguém está sendo desonesto com você ou você pode estar mentindo para si mesmo sobre algo. Esta carta também representa táticas de estratégia ou manipulação que você está usando para conseguir algo que deseja, em vez de ser sincero e direto sobre suas necessidades. Sempre há a oportunidade de reformulação de uma situação com honestidade e comunicação franca, como aquela sugerida pelas espadas restantes. Então se pergunte o que o Sete de Espadas espera que você confronte.

AMOR/RELACIONAMENTOS

Nem tudo é o que parece. Um parceiro está mentindo ou escondendo algo de você. Também pode significar que você está enganando a si mesmo acerca da verdade de uma situação. Agora é o momento de ser claro, aberto, e comunicar-se abertamente dentro de seu relacionamento.

CARREIRA/DINHEIRO

Comportamento desonesto afeta seu ambiente de trabalho. Formule uma estratégia para conseguir o que deseja ou demita-se antes que as coisas pareçam tóxicas demais. Se você está se autoenganando em relação às suas finanças, não há problema em se abrir e falar sobre assuntos financeiros.

PESSOAL/ESPIRITUAL

Você esteve mantendo aspectos de sua vida pessoal escondidos, mas é tempo de se abrir e ter conversas honestas. Há alguém em sua vida que o manipula, rouba suas ideias ou desperdiça o seu tempo. Autoengano a respeito de uma relação, situação ou comportamento apenas irá levá-lo a mais sofrimento.

INVERTIDA

O Sete de Espadas invertido em sua leitura pode significar um plano ou uma estratégia que não está funcionando a seu favor e precisa ser abordado sob uma nova perspectiva. Não desista de sua ideia, apenas reorganize seus pensamentos a respeito e tente abordá-la sob um novo ângulo. Esta inversão também pode significar paranoia ou uma crença equivocada de que algo ou alguém está trabalhando contra você. Escute sua intuição para separar os instintos verdadeiros da voz do medo.

PARA REFLETIR

→ A quem você acha que as espadas pertencem, e por que esta figura as está furtando?

OITO de ESPADAS

Não deixe que o medo o segure ou prenda em sua atual realidade. Com paciência e determinação, você sempre pode encontrar uma forma de seguir adiante.

Você está pronto para confrontar algumas restrições desconfortáveis e limitantes – incluindo as que são autoinflingidas – quando você tira o Oito de Espadas. Nele vemos uma mulher vendada e atada (embora não com força), de pé em uma praia, esperando pela subida da maré. Oito espadas estão de pé, plantadas na areia ao redor dela, enquanto um castelo aparece ao fundo da cena. A venda sugere que ela não consegue enxergar uma forma de seguir adiante, e seu movimento está restrito pelas amarras, mas as espadas não estão apontadas para ela, estão somente cercando-a. Isso indica medo de perigos imaginários ou questões persistentes do passado que podem estar impedindo-o de assumir o controle para si mesmo.

SIGNIFICADOS-CHAVE NA VERTICAL
Sentindo-se preso, restrição

SIGNIFICADOS-CHAVE QUANDO INVERTIDA
Libertação, hesitação

NUMEROLOGIA
8, movimento, transição

LEITURA GERAL

O Oito de Espadas indica que você está se sentindo preso ou estagnado, seja por circunstâncias, pelo passado ou por seus próprios medos e incertezas. Sentimentos de deslocamento, incapacidade de adaptação e de expressar-se livremente também estão presentes. Você pode se ver fabricando desculpas para explicar por que você não consegue seguir adiante ou está guardando tudo dentro de si, sentindo-se impotente para conjurar uma mudança. Visto que o caminho para o futuro começa quando você recupera o seu poder, comece dando pequenos passos em direção aos seus verdadeiros desejos. Tenha fé e paciência consigo mesmo. Este processo precisa de paciência e perseverança, mas você pode fazê-lo!

AMOR/RELACIONAMENTOS

Você está se sentindo preso ou estagnado em um relacionamento, mas desistir e se afastar parece muito assustador. Ou você pode estar lutando com sentimentos sobre entrar em um relacionamento ou demonstrar vulnerabilidade diante de alguém pela primeira vez. Os receios são infundados, então se abra e permita-se viver o amor.

CARREIRA/DINHEIRO

Você está trabalhando em algo que não ama e sentindo que não há saída. Ou talvez seu medo de falhar está impedindo que você tente uma nova opção de carreira. Sua mentalidade atual sobre finanças está baseada na escassez, o que adiciona uma nova camada de restrições. Lembre-se que você não está só: peça por orientação divina para seus próximos passos rumo à libertação.

PESSOAL/ESPIRITUAL

Você está se sentido preso em uma situação que não está mais alinhada com o seu caminho. Você sabe que precisa começar a se libertar, mas não está certo de como poderia fazer isso. Peça ajuda para lidar com a estagnação, lembre-se que você não precisa lutar sozinho.

INVERTIDA

O Oito de Espadas invertido em sua leitura pode significar que você está no processo de libertar a si mesmo de restrições autoimpostas, então continue neste caminho! A inversão também pode indicar que você esteve procrastinando ou hesitando para mergulhar em ações que irão ajudar seu progresso. Agora é tempo de parar, ou você pode acabar descobrindo que voltou ao ponto de partida.

PARA REFLETIR

→ O que o está impedindo de fazer uma mudança significativa?

NOVE de ESPADAS

Uma mente ansiosa leva a noites mal dormidas. Explore como você lida com preocupações e estresse para apaziguar seus pensamentos.

Uma carta pesada e desafiadora, o Nove de Espadas abre as comportas dos pensamentos ansiosos e das preocupações que o mantêm acordado à noite. A figura nesta carta senta-se na cama, sozinha na escuridão, enquanto nove espadas pairam ameaçadoramente sobre sua cabeça.
As espadas são reais? Ou são os piores cenários imaginados pela mente ansiosa? A manta que cobre a figura retrata rosas vermelhas, símbolos do amor, mostrando que há compaixão em torno dela – se ao menos ela pudesse abrir os olhos para ver.

SIGNIFICADOS-CHAVE NA VERTICAL
Ansiedade, preocupação

SIGNIFICADOS-CHAVE QUANDO INVERTIDA
Desesperança, desespero

NUMEROLOGIA
9, ciclo quase completo, solidão

LEITURA GERAL

O Nove de Espadas está dizendo que sua ansiedade está impedindo que você veja a realidade que está na sua frente. Estresse é uma parte normal da vida, mas como você lida com ele é uma escolha sua. Se você permite que suas preocupações afetem sua saúde e seu bem-estar, é tempo de fazer mudanças. Implemente hábitos saudáveis e estratégias de enfrentamento, e procure ajuda se você estiver tendo dificuldades. Manter um diário pode ajudá-lo a colocar seus pensamentos em palavras e tirá-los de dentro de sua cabeça, ao colocá-los nas páginas de um caderno. Felizmente essa energia carregada e improdutiva é temporária, e irá passar.

AMOR/RELACIONAMENTOS

O conflito faz parte de todos os relacionamentos, até dos mais saudáveis. Preocupar-se a respeito de sua relação não irá resolver o problema, então marque uma conversa com seu parceiro ou abra seu coração a um amigo confiável. A infelicidade pode se tornar um ciclo, levando a ainda mais estresse. Afligir-se com sua vida amorosa atrai ainda mais angústia, então busque formas de acalmar sua mente. A comunicação é a chave.

CARREIRA/DINHEIRO

Angústia e estresse a respeito das finanças estão causando insônia ou falta de foco. Ansiedade severa a respeito de seu emprego ou carreira está consumindo demais a sua atenção. Se uma carga de trabalho opressiva o aflige, peça ajuda, sem medo do que as outras pessoas podem pensar.

PESSOAL/ESPIRITUAL

Estresse e ansiedade estão afetando sua saúde física. Você pode estar se sentindo sozinho ou passando tempo demais ruminando certos assuntos. Fazer um diário, caminhadas na natureza ou passar tempo com outras pessoas podem ajudá-lo durante essas espirais de pensamentos negativos.

INVERTIDA

O Nove de Espadas invertido em sua leitura tem um significado similar ao vertical, mas com uma carga extra de desespero que pode indicar depressão ou ataques de pânico. Felizmente também aponta que esses ciclos estão terminando, então os sentimentos associados estão passando, e podem ser superados. Seja gentil consigo mesmo se você está sentindo angústia extrema ou desespero, e nunca tenha medo de pedir ajuda.

PARA REFLETIR ....
→ Que ferramentas você usa para quebrar o ciclo de pensamentos negativos e ansiosos?

DEZ *de* ESPADAS

Receba com alegria a aurora que se aproxima, enquanto honra as lições aprendidas no passado. Há um novo começo em cada final.

Um novo e brilhante amanhecer aparece no Dez de Espadas. A escuridão da noite cede lugar a um belo nascer do sol, que lança seus raios às montanhas distantes, e um corpo de água que está entre o sol e o homem com dez espadas cravadas em suas costas. As energias de morte e renascimento estão presentes nesta carta, nos lembrando que o ciclo da dor quase sempre dá lugar a uma nova aurora. O homem vai se levantar novamente, mas as espadas não desaparecerão completamente. Ele está ciente da presença delas, e não as vê como fardos. Ao contrário, ele honra as experiências que moldaram sua jornada e o que ele aprendeu ao longo do caminho.

SIGNIFICADOS-CHAVE NA VERTICAL
Finais, novos começos

SIGNIFICADOS-CHAVE QUANDO INVERTIDA
Finais adiados, agarrando-se ao passado

NUMEROLOGIA
10, ciclo completo

LEITURA GERAL

O Dez de Espadas significa o fim de um ciclo de dor e dificuldades. A transformação ocorre quando você aceita o fim e se permite ver que tudo o que você viveu serviu a um propósito. Esse nível de liberação cria um sentimento de paz e gratidão por aquilo que deixou a sua vida, criando espaço para o começo de um novo ciclo.

AMOR/RELACIONAMENTOS

O fim de um padrão de relacionamento está levando você para um novo começo maravilhoso. Ou pode ser que o ciclo esteja se completando em sua relação atual, então é importante estar em paz com o passado para abrir espaço para novas energias. Neste ciclo, o pior já passou, e você pode olhar para este tempo como um período de aprendizado: você pode esperar ansiosamente pelas próximas etapas de sua vida relacionadas ao romance.

CARREIRA/DINHEIRO

Perda de emprego ou restrições financeiras logo serão coisa do passado, abrindo caminho para um novo e mais próspero tempo. Tudo o que você viveu esteve te ensinando, por meio de um processo de tentativa e erro, como usar a rejeição como ferramenta de aprendizado e tornar-se melhor em sua carreira. Aceite que o fim do ciclo atual está abrindo caminho para novas e melhores oportunidades financeiras ou de carreira.

PESSOAL/ESPIRITUAL

Após completar um ciclo doloroso, você está seguindo em frente com um novo entendimento do passado. Você cultivou gratidão por lições aprendidas e está iniciando um novo capítulo. Concentre-se em superar o estresse e a ansiedade de forma holística, por meio de um diário ou de aconselhamento. Continue em sua jornada por meio de modalidades de cura gentis, como a acupuntura ou o Reiki.

INVERTIDA

O Dez de Espadas invertido em sua leitura pode significar uma recusa em deixar algo chegar ao fim. Lembre a si mesmo que está tudo bem deixar as coisas irem e seguir em frente. Agarrar-se a eventos passados impede que novos começos surjam. Tente não atrasar a abundância que espera por você.

PARA REFLETIR

→ Qual é a parte mais desafiadora de encerrar um ciclo?

VALETE *de* ESPADAS

O mensageiro da comunicação traz uma nova perspectiva: esteja aberto para ouvir e compartilhar ideias.

Os Valetes são as primeiras das quatro cartas da corte, e são considerados os mensageiros do tarô. O Valete de Espadas possui uma energia jovem, e pode representar uma criança ou uma pessoa mais jovem que você, ou ainda pode representar uma mensagem de sua criança interior, insistindo para que você siga a sua curiosidade natural e esteja aberto a aprender coisas novas. O jovem Valete de Espadas está de pé com sua espada erguida, praticando para uma batalha que pode vir. Ele quer estar pronto, sente-se animado e nervoso, e parece estar olhando em volta para ver quem está chegando. Praticar como empunhar a espada com intenção aumenta a confiança dele, garantindo que esteja pronto quando chegar o tempo.

SIGNIFICADOS-CHAVE NA VERTICAL
Entusiasmo, vontade de aprender

SIGNIFICADOS-CHAVE QUANDO INVERTIDA
Fofoca, defensividade

COMBINAÇÕES ELEMENTAIS-CHAVE
Terra e *ar*. *Terra* significa a conexão do Valete com a natureza e a estabilidade, enquanto seu lugar no naipe de Espadas o conecta ao *ar*, que representa comunicação e sabedoria.

LEITURA GERAL

O Valete de Espadas é realista o suficiente para saber que precisa praticar antes de pular para dentro de um conflito. Esta energia está pedindo que você preste atenção a mensagens sutis que estão ao seu redor, exortando-o a seguir em frente, mas com cautela. Comunicação, novas perspectivas e oportunidades de usar sua mente o rodeiam. Você pode se sentir apreensivo, mas algo está pedindo que você siga o seu entusiasmo. Criar um plano sólido antes de começar aumentará sua confiança.

AMOR/RELACIONAMENTOS

Um parceiro com uma mente rápida e curiosa, possivelmente mais jovem, ou com uma atitude jovial, surgirá em breve na sua vida. Essa pessoa também pode oferecer novas perspectivas que você não havia considerado anteriormente. Enquanto você pode estar em uma relação cheia de momentos de diversão leve, também é necessário que vocês compartilhem suas verdades entre si, para aprenderem um com o outro.

CARREIRA/DINHEIRO

Você está esperando notícias de um cliente, um gerente ou um novo empregador – e essas notícias oferecerão informações valiosas para ajudar a expandir seus horizontes. Essas notícias podem animá-lo, mas esteja ciente de que é preciso formular um plano sólido antes de começar a agir. Seja confiante ao compartilhar seus pensamentos e ideias.

PESSOAL/ESPIRITUAL

Você está sentindo animação e curiosidade a respeito de um novo campo de estudo ou interesse em sua jornada para enriquecê-lo fisicamente, emocionalmente, mentalmente ou espiritualmente. No processo, você pode desencavar novas verdades sobre si mesmo.

INVERTIDA

O Valete de Espadas invertido em sua leitura pode representar fofocas insidiosas ou táticas de manipulação, perpetradas ou por você ou por alguém ao seu redor. Tenha em mente que as informações que você compartilha com outras pessoas talvez devam continuar sendo privadas, e note como você se sente quando está próximo a pessoas que estão fofocando ou falando sobre alguém que não está presente.

PARA REFLETIR
→ Que ideias o Valete de Espadas está trazendo para você agora?

CAVALEIRO *de* ESPADAS

A busca pela verdade o lança em frente a todo custo, e você vai em frente sem pensar nas consequências.

Os Cavaleiros no tarô são retratados montados em seus cavalos, retornando de uma nobre missão para apresentar o item elemental que você requisitou. O Cavaleiro de Espadas representa o ar em sua forma pura, e está representado lançando-se à frente contra o vento, brandindo a espada da verdade. O Cavaleiro se move velozmente, com seu foco total na recompensa que está buscando. A velocidade e a linguagem corporal agressiva sugere que ele está investindo rumo ao confronto e ao drama, e que nada pode pará-lo.

SIGNIFICADOS-CHAVE NA VERTICAL
Procura da verdade, assertividade

SIGNIFICADOS-CHAVE QUANDO INVERTIDA
Intromissão, agressividade

COMBINAÇÕES ELEMENTAIS-CHAVE
Ar e *ar*. *Ar* significa a conexão do Cavaleiro com a comunicação e a sabedoria, e seu lugar no naipe de Espadas também o conecta com o *ar*, o que dá ao Cavaleiro uma dose dupla de clareza de visão e eloquência discursiva.

LEITURA GERAL

O Cavaleiro de Espadas pode representar uma situação que exige urgência em ser resolvida, indicando que o confronto não pode ser evitado. Talvez a carta esteja pedindo que você seja mais assertivo e que foque em suas metas com toda a sua energia disponível. Esta carta também pode apontar para uma pessoa em sua vida que pode estar tentando enredá-lo em seu drama. Sua intuição vai guiá-lo até quem ou o que esta energia intensa representa em sua vida.

AMOR/RELACIONAMENTOS

Um parceiro potencial está sendo muito insistente, ou está tentando conquistá-lo com muita intensidade. Isso pode parecer lisonjeiro ou maníaco, dependendo do seu temperamento, então ouça a sua intuição se este pretendente fizer com que você se sinta desconfortável. Esta carta também pode representar um romance que começa intenso, mas se dissipa com a mesma facilidade.

CARREIRA/DINHEIRO

Ser mais assertivo e focado em um objetivo ou projeto, ou apenas aplicar-se mais intensamente de uma forma geral, trará mudanças no trabalho. Há potencial para drama com um chefe ou colega de trabalho, o que pode colocá-lo em uma posição em que você precisará se defender de alguma forma. Novidades que estão chegando rapidamente irão acelerar a produtividade ou causar uma mudança em seu curso de ação.

PESSOAL/ESPIRITUAL

Você tem sido enredado em uma experiência dramática e está sentindo que precisa se defender. Ou pode estar explorando uma nova faceta de sua personalidade, mais assertiva, ao perseguir uma meta ou ideia com grande foco e confiança. Você pode estar animado para receber notícias que está esperando, e ficar despreocupado sabendo que conseguiu agir de acordo com elas.

INVERTIDA

O Cavaleiro de Espadas invertido em sua leitura indica a faceta agressiva da ambição, possivelmente incluindo atitudes extremas, como exaurir a si mesmo ou a outras pessoas. Há a possibilidade de que você possa ficar sem energia e sinta-se decepcionado por algo que começou em ritmo acelerado e perdeu o impulso. Se isso for ocorrer realmente, pare para refletir e ouça a sua intuição. Olhe para dentro de você para encontrar uma forma de retornar à ação produtiva.

PARA REFLETIR

→ Como a velocidade presente nesta carta faz você se sentir?

RAINHA de ESPADAS

A energia feminina de proteção, justiça e equilíbrio ao tomar decisões e falar a verdade está contida na Rainha de Espadas.

As Rainhas no tarô representam a energia feminina, o que inclui receptividade, honestidade, compaixão e amor. A Rainha de Espadas representa os elementos do ar e da água; no entanto, há pouca água na carta, apenas um riacho distante. Isso indica que a comunicação clara, o intelecto e a lógica são favorecidas sobre expressões emotivas. Esta rainha está sentada sobre um trono robusto, acolhendo qualquer um que busque seus conselhos, e, no entanto, ela segura a espada da verdade a sua frente, deixando claro que não esconderá seus pensamentos e suas opiniões. Esta Rainha é sábia e justa: ela pensa bastante antes de tirar conclusões, que são respeitadas por aqueles que a cercam. Para permanecer em equilíbrio, ela está aberta a ouvir as opiniões e ideias alheias.

SIGNIFICADOS-CHAVE NA VERTICAL
Decisão, honestidade

SIGNIFICADOS-CHAVE QUANDO INVERTIDA
Crítica, defensividade

COMBINAÇÕES ELEMENTAIS-CHAVE
Água e *ar*. *Água* significa a conexão da Rainha com o amor e a emoção, e seu lugar no naipe de Espadas a conecta com o *ar*, que representa a comunicação e a sabedoria.

LEITURA GERAL

A Rainha de Espadas pode representar uma pessoa que incorpora essas características, incluindo você mesmo, ou a enérgica presença do intelecto e da sabedoria na sua vida, particularmente no que tange ao processo de tomada de decisões. Esta carta pede que você se aproxime de situações complexas formulando uma resposta lógica, em vez de uma reação emocional. Use sua intuição para guiá-lo a quem ou ao quê esta carta representa em sua vida.

AMOR/RELACIONAMENTOS

Tente uma abordagem lógica para ver a situação com clareza em seu relacionamento. Você pode estar envolvido com um parceiro que é inteligente e confiável, que escolhe a razão em detrimento da emoção. Este relacionamento pode ser com alguém que perdeu seu parceiro ou com alguém que tem um filho. Por outro lado, a carta pode indicar que é tempo de permanecer solteiro e focar em sua relação consigo mesmo, especialmente se você viveu dificuldades relacionadas à manutenção da autonomia em relacionamentos. Isso não é para sempre, e você está aprendendo coisas importantes sobre você mesmo para levar para a sua próxima relação.

CARREIRA/DINHEIRO

Peça conselhos a um colega de trabalho de confiança ou a alguém em seu campo de atuação, e certifique-se de que você está lidando com suas metas e finanças a partir de uma abordagem lógica. Se um investidor ou contrato se apresenta a você, leia as letras miúdas e tome suas decisões baseadas em fatos, em vez de em ideias fabulosas.

PESSOAL/ESPIRITUAL

Defenda suas crenças, e não tenha vergonha de compartilhar sua sabedoria com outras pessoas. Concentre-se em usar a lógica e a razão, em vez de escorar-se em expressões emocionais, mas tenha cuidado para não soar rude demais.

INVERTIDA

A Rainha de Espadas invertida em sua leitura pode indicar que você, ou alguém, está sendo demasiado crítico com uma pessoa ou situação. Às vezes, isso pode apontar para uma abundância de autocrítica, então esteja alerta. Esta inversão também pode indicar reações defensivas quando confrontado ou deixar que as emoções prevaleçam sobre a razão.

PARA REFLETIR

→ Que conselho você pediria para a Rainha de Espadas?

REI de ESPADAS

A energia masculina, autoritária, de tomada de ação de um lugar de lógica e razão é o mote do Rei de Espadas.

Mestres de seus naipes, os Reis representam estabilidade, autoridade e uma saudável energia masculina. O Rei de Espadas representa os elementos do fogo e do ar, possibilitando que ele aja a partir de uma mente e de um intelecto superiores. O Rei está sentado em um trono de concreto, gravado com borboletas, simbolizando o elemento do ar, assim como o processo transformador do fogo. A espada que ele segura está ligeiramente inclinada, sugerindo o movimento e a prontidão para a tomada de ação quando esta se faz necessária.

SIGNIFICADOS-CHAVE NA VERTICAL
Ambição intelectual, liderança

SIGNIFICADOS-CHAVE QUANDO INVERTIDA
Controle, julgamento

COMBINAÇÕES ELEMENTAIS-CHAVE
Fogo e *ar*. *Fogo* significa a conexão do Rei com a paixão, a ação e a liderança, enquanto o seu lugar no naipe de Espadas o conecta ao *ar*, que representa comunicação e sabedoria.

LEITURA GERAL

O Rei de Espadas pode representar você ou alguém que incorpore as características de autoridade, inteligência e o uso da lógica para obter sucesso. Também pode representar a energia de uma situação que requer que você tome decisões em seu próprio benefício ou para defender outros que podem não ter poder suficiente para defender a si mesmos. Ouça a sua intuição para mensagens que possam guiá-lo quando for o momento de agir. Você é uma autoridade poderosa que possui inteligência substancial. Confie em sua voz.

AMOR/RELACIONAMENTOS

Um parceiro que é altamente inteligente e bem-sucedido irá se expressar por meio de uma comunicação envolvente em vez de emoções passionais. Ter uma abordagem madura e racional no romance produzirá melhores resultados neste momento.

CARREIRA/DINHEIRO

Você está agindo de forma lógica para alcançar seus objetivos, o que pode levá-lo a tornar-se o seu próprio chefe, receber uma promoção ou alcançar um papel de liderança. Esta carta pode representar também uma figura de autoridade no ambiente de trabalho ou sinalizar que você mesmo é respeitado e reconhecido em suas contribuições. Boas notícias em questões jurídicas podem estar a caminho.

PESSOAL/ESPIRITUAL

Tenha confiança em ser a autoridade de sua vida agindo em benefício próprio e defendendo suas ideias. Se você se sente vacilante, procure conselhos de um profissional a respeito de sua saúde ou de outras situações pessoais.

INVERTIDA

O Rei de Espadas invertido em sua leitura pode indicar um imenso senso de superioridade intelectual ou julgar demais as pessoas. Você pode estar lutando contra esse comportamento controlador, seu ou de outra pessoa, o que pode estar influenciando diretamente no fluxo de sua intuição e no tempo divino. Relaxe e liberte-se da necessidade de controlar os detalhes e as ações dos outros para reequilibrar-se.

PARA REFLETIR
→ Como você pode canalizar a energia ambiciosa do Rei de Espadas?

CAPÍTULO 8

Arcanos Menores: Paus

....

OS PAUS REPRESENTAM o naipe elemental do fogo e os signos de fogo na astrologia: Áries, Leão e Sagitário. Paus são símbolos de paixão, criatividade, ambição e ação. Começando com o Ás de Paus, vamos explorar os significados universais de cada carta. Uma maneira fácil de se lembrar que os Paus estão associados à criação, ao impulso e à ação é pensar sobre a frase "brandir uma varinha mágica" para fazer algo aparecer instantaneamente. O fogo se move rapidamente e transforma todos os objetos que ele toca, assim como a varinha de um mago desencadeia transformações por meio da força da intenção. Lembrar que as varinhas são ferramentas poderosas de criação irá ajudá-lo a aprender sobre este naipe rapidamente, e de um jeito fácil.

....

ÁS de PAUS

O dom da criação é conferido pelo divino. Esteja aberto a novas possibilidades emocionantes.

O Ás de Paus traz a dádiva de um novo começo a partir da paixão e da criatividade. A mão do divino emerge de uma nuvem, oferecendo um bastão único de inspiração visionária, com brotos de folhas verdes. Abaixo do bastão há uma paisagem exuberante, que inclui um castelo, um rio calmo e algumas árvores férteis. Esta cena representa estabilidade, prosperidade, movimento e a corrente de emoções que o impulsiona para a frente, apoiando seus novos empreendimentos.

SIGNIFICADOS-CHAVE NA VERTICAL
Inspiração, criatividade

SIGNIFICADOS-CHAVE QUANDO INVERTIDA
Hesitação, atrasos

NUMEROLOGIA
1, iniciação, novos começos

LEITURA GERAL

Quando o Ás de Paus aparece, traz ímpetos de inspiração que o guiam ao início de uma nova aventura. Isso pode se manifestar na criação de um novo projeto, uma viagem, o início de um relacionamento ou o começo de um negócio próprio. Esta energia contagiante é somente o primeiro passo, oferecendo o impulso e a motivação que você precisa para começar a caminhar. Permaneça aberto aos sinais do universo e trate de agir quando o momento se apresentar!

AMOR/RELACIONAMENTOS

Um novo e incrível relacionamento, cheio de paixão e intensidade, está florescendo. Ou, se você já possui um parceiro, você pode sentir crescer ou reacender a paixão, possivelmente o levando a aumentar ou começar uma família. Uma oportunidade empolgante, para você ou dentro de seu romance, está a caminho.

CARREIRA/DINHEIRO

Esta carta anuncia uma empolgante e inspiradora oportunidade de expandir seu negócio, ou de começar um novo empreendimento. Você tem sentido um entusiasmo crescente pelo seu trabalho, o que tem aberto portas para novas formas de riqueza. Entre em ação quando sua intuição der a dica!

PESSOAL/ESPIRITUAL

Abrace oportunidades de viagens e aventuras! Começar uma rotina de saúde ou de exercícios físicos pode trazer uma maior confiança e ânimo para a sua vida. Este é o momento ideal para começar a executar projetos criativos que estejam em sua cabeça e para trabalhar por suas metas, então esteja aberto à inspiração divina.

INVERTIDA

O Ás de Paus invertido em sua leitura pode apontar para hesitação ao agir, talvez devido a medos relacionados ao tempo, ao fracasso ou a sair da zona de conforto. Reconheça o que está impedindo você de ser ousado e decidido, para que você possa seguir em frente sentindo-se confiante. Esta inversão também pode significar atrasos que estão além do seu controle. Acredite que esses atrasos são parte do seu tempo divino, então tente ser flexível e permanecer aberto!

PARA REFLETIR
→ Que dádiva está sendo apresentada pelo Ás de Paus?

DOIS *de* PAUS

Uma chance para expandir o seu mundo está à sua espera. Você fica com o que conhece ou parte em uma aventura rumo ao desconhecido?

A carta do Dois de Paus é um convite a refletir sobre o futuro. Um homem olha para uma terra vasta do alto de seu castelo luxuoso. Ele já possui estabilidade, e agora anseia por aventura. Um bastão está atado à parede do castelo, mostrando os esforços para construir sua fortuna, enquanto o outro é segurado acima da cabeça. Na outra mão, o homem segura um globo, como se dissesse que o mundo está em suas mãos. Para onde ele vai? O Dois de Paus sinaliza uma oportunidade de planejar a próxima fase emocionante em uma vida que já é rica e plena.

SIGNIFICADOS-CHAVE NA VERTICAL
Escolha, planos futuros

SIGNIFICADOS-CHAVE QUANDO INVERTIDA
Impaciência, falta de planejamento

NUMEROLOGIA
2, escolha, parceria

LEITURA GERAL

O Dois de Paus apresenta possibilidades de fazer planos para o futuro. A energia empolgante o impulsiona para frente, mas fique atento para não ser impaciente e agir antes da hora. Você pode escolher entre aceitar uma nova oportunidade ou permanecer onde está, então ouça a sua intuição. A escolha que mais o animar pode valer todos os riscos associados a ela. Uma nova parceria ou um novo relacionamento pode se apresentar para te ajudar a navegar pelas mudanças que você está vivendo. Esta pessoa vai ajudá-lo a crescer de novas e emocionantes maneiras.

AMOR/RELACIONAMENTOS

Prepare-se para um novo relacionamento com raízes fincadas na paixão, com muito flerte e também cheio de atividades divertidas. Você pode estar fazendo planos para uma viagem romântica. Muito está em movimento, possivelmente incluindo planos para o futuro com seu parceiro, ou considerando uma mudança. Essas decisões podem mudar sua vida, então siga a sua orientação intuitiva.

CARREIRA/DINHEIRO

Uma nova oportunidade de crescimento em sua carreira não é um acidente, então trate de agir se você se sente empolgado e guiado por sua intuição. Um parceiro de negócios ou investidor está chegando para ajudá-lo a cultivar suas ideias e levar seus planos a um próximo nível.

PESSOAL/ESPIRITUAL

Pese suas opções antes de tomar uma grande decisão, e preste atenção à intuição para o processo de tomada de decisão. Você está fazendo planos e levando suas metas para um outro nível e fase em sua vida, o que é empolgante! Sua vida continua se enriquecendo quando você segue um caminho espiritual e explora novas direções.

INVERTIDA

O Dois de Paus invertido em sua leitura pode indicar impaciência ao agir precipitadamente por conta de uma empolgação demasiada. Se você agiu rápido demais e algo não aconteceu como você havia previsto, não desista! Simplesmente diminua o ritmo e faça mais pesquisas. Cultive um plano de ação claro antes de tentar novamente. Esta inversão também pode apontar para outra pessoa agindo antes de você. Esta situação requer que você tome a iniciativa, mesmo se você se sentir desconfortável enquanto o faz.

PARA REFLETIR
→ Que nova aventura está chamando por você?

TRÊS de PAUS

A aventura está adiante! Enquanto você se desdobra em um novo papel ou identidade, você tem uma grande rede de apoio.

Cheio de ambição e animação, você está pronto para seguir para a próxima fase de sua aventura no Três de Paus. O homem representado nesta carta está de costas, o que significa que, como espectador, você vê o que ele vê. Ele está de pé entre dois bastões plantados no chão, enquanto se apoia em um terceiro. Ele olha para as embarcações na água, indicando a natureza expansiva de seus negócios, e sugerindo que ele trabalha bem em equipe. O apoio de outros permite que ele conserve a própria energia sem se esgotar, e o posiciona para direcionar sua mestria para situações em que é preciso enxergar o cenário completo.

SIGNIFICADOS-CHAVE NA VERTICAL
Expansão, crescimento

SIGNIFICADOS-CHAVE QUANDO INVERTIDA
Atraso, decepção

NUMEROLOGIA
3, expansão, colaboração

LEITURA GERAL

O Três de Paus indica que você está usando a sua energia para trabalhar com os outros, delegando e compartilhando responsabilidades que se relacionam aos seus pontos fortes. Pode haver um tempo de espera para que as oportunidades certas venham até você, mas, por enquanto, você pode usar sua energia de forma criativa e produtiva, permitindo que a prosperidade aumente, com a possibilidade de viagens.

AMOR/RELACIONAMENTOS

Você conheceu uma pessoa interessante por meio de amigos ou participando de atividades que você ama. Este pode ser um momento de fazer planos de viagem com seu parceiro ou conhecer alguém especial enquanto estiver tirando férias. Considere injetar mais emoção, paixão e expansividade em sua relação atual fazendo planos para o futuro, encontrando amigos ou participando de uma atividade de grupo.

CARREIRA/DINHEIRO

O trabalho se apresenta a você como uma oportunidade para colaborações empolgantes. Você pode pensar em contratar uma equipe de novos empregados devido à alta dos lucros ou aumentar sua empresa caso você seja dono de seu próprio negócio. Esta carta também pode significar viagens a trabalho ou conduzir negócios em outros continentes.

PESSOAL/ESPIRITUAL

Cerque-se de pessoas que te inspiram, porque elas vão te ajudar a alcançar o seu próximo nível de crescimento pessoal. Você está expandindo sua prática espiritual, seja porque tem o apoio de uma comunidade ou porque está fazendo novos amigos. Considere fazer planos de viagem com pessoas que possam expandir seus horizontes e inspirar você.

INVERTIDA

O Três de Paus invertido em sua leitura pode indicar atrasos em seus planos ou uma desconexão de uma relação ou grupo de amigos. Isso pode ser frustrante ou decepcionante, mas é parte do tempo divino, e é uma parte importante de sua jornada de aprendizagem. Essa inversão pode indicar que há uma solução melhor disponível para você que ainda não se apresentou. Permanecer flexível e paciente é aconselhável durante este período.

PARA REFLETIR
→ Quais três componentes para o sucesso os três bastões representam para você?

QUATRO *de* PAUS

Celebre suas conquistas com aqueles que você ama antes de seguir adiante rumo à próxima meta.

Diversão e celebrações abundam no Quatro de Paus. Um belo dossel floral, que lembra uma tradicional *Chupá* judaica, significando casamento, está sendo sustentado por quatro bastões firmemente enraizados ao solo. O fundo amarelo da carta indica consciência e alegria, enquanto o casal celebra sua união acenando com buquês, entusiasticamente. Eles fizeram a escolha de assumir um compromisso para criar algo estável e duradouro. Atrás do casal há um castelo glorioso cheio de pessoas dançando alegremente em um jardim luxuoso, celebrando a abundância e a prosperidade.

SIGNIFICADOS-CHAVE NA VERTICAL
Celebração, eventos especiais

SIGNIFICADOS-CHAVE QUANDO INVERTIDA
Retornando para a felicidade do presente

NUMEROLOGIA
4, estabilidade, estrutura

LEITURA GERAL

O Quatro de Paus indica uma celebração organizada, como um casamento, um aniversário ou uma graduação. Olhe para a sua própria vida e para as suas conquistas. Como você pode celebrar suas vitórias? O entusiasmo que você tem pelas suas relações e pela comunidade local também são celebrados aqui. Certifique-se de que você está equilibrando seu trabalho duro com atividades relaxantes.

AMOR/RELACIONAMENTOS

Um noivado, um casamento ou uma lua de mel são indicados por esta carta celebratória. Você pode se ver em uma nova relação com alguém que está aberto para amar e para assumir compromissos sérios. Se você já tem um parceiro, você pode estar considerando ir morar com ele, comprar uma casa juntos ou criar raízes juntos de alguma forma. Você está aproveitando o momento e encontrando o amor em sua situação atual.

CARREIRA/DINHEIRO

Você está celebrando seu sucesso ao completar um projeto ou uma meta. Você está aproveitando um reconhecimento merecido por seu trabalho duro e experimentando entusiasmo no local de trabalho. Este é um tempo empolgante de criatividade e progresso em sua carreira, então tire um tempo para celebrar.

PESSOAL/ESPIRITUAL

Você está aproveitando o processo de aprofundar suas raízes, seja comprando ou renovando sua casa, entrando em um grupo, ou levando um relacionamento para a próxima fase. Celebre a alegria e a animação desses momentos emblemáticos. Caso a oportunidade apareça, vá em frente e se dedique a um projeto criativo. Passe tempo com a família e os amigos, dê uma festa ou tire uma folga para elevar seu humor.

INVERTIDA

O Quatro de Paus invertido traz uma interpretação semelhante à vertical, mas reflete um pouco de resistência à ideia da celebração. Se você se sente reticente sobre aproveitar os frutos de seu trabalho, pergunte a si mesmo o porquê. Considere o momento presente e encontre a alegria que existe agora. Celebre a si mesmo de alguma forma, mesmo que modesta, para aumentar o fluxo de oportunidades positivas em sua vida.

PARA REFLETIR

→ Qual conquista pessoal te deixa mais orgulhoso, e como ela faz com que você se sinta?

CINCO *de* PAUS

A diferença entre rivalidade e competição saudável pede que você trabalhe com seu ego de um jeito produtivo.

Como você irá lidar com a energia dinâmica e competitiva do Cinco de Paus? Nesta carta você vê cinco homens jovens em uma competição, brandindo seus bastões alegremente. Ninguém parece estar com raiva ou ferido: em vez disso, o foco está na rivalidade ativa entre oponentes valorosos e como o ego direciona as ações deles. A cor azul brilhante desta carta sugere uma disposição para procurar clareza em meio ao conflito, enquanto a ausência de uma paisagem de fundo concentra a atenção nas ações e em estar alerta no momento presente.

SIGNIFICADOS-CHAVE NA VERTICAL
Competição, rivalidade

SIGNIFICADOS-CHAVE QUANDO INVERTIDA
Exagero, encontrar uma solução

NUMEROLOGIA
5, conflito, competição

LEITURA GERAL

O Cinco de Paus frequentemente aparece quando você entrou em um conflito ou desacordo, e pede que você considere como lida consigo mesmo durante este tipo de situação. Pode também indicar competição entre partes qualificadas por uma mesma posição, como, por exemplo, a candidatura pelo mesmo emprego. Ao lidar com outras pessoas que possuem opiniões fortes, saiba que seu ponto de vista também é importante e não tenha medo de quebrar alguns ovos para fazer uma omelete, ou seja, para garantir um resultado favorável.

AMOR/RELACIONAMENTOS

Você pode querer sair com diversas pessoas antes de se comprometer em uma relação exclusiva. No entanto, esta carta também indica que você está se sentindo sobrecarregado por dramas de relacionamento ou pelas opiniões de outras pessoas a respeito da sua vida amorosa. Pergunte a si mesmo o que você está procurando em um relacionamento, para que possa cortar o que quer que esteja interferindo em seu resultado desejado.

CARREIRA/DINHEIRO

Confrontos e discussões no ambiente de trabalho ou rivalidade com colegas estão consumindo você. A competição por uma promoção ou para entregar resultados pode estar drenando a sua energia no trabalho. O sucesso está ao seu alcance, então aja estrategicamente e tente não ser envolto em batalhas de ego.

PESSOAL/ESPIRITUAL

Atrasos irritantes e circunstâncias para além do seu controle pedem que você diminua o ritmo e preste atenção aos detalhes. Tente conter a sua impaciência. Assumir diversos projetos criativos ou diversas tarefas ao mesmo tempo fará com que você se sinta frustrado por não terminar nada. Concentre-se em uma coisa de cada vez, e vá até o fim antes de começar algo novo.

INVERTIDA

O Cinco de Paus invertido em sua leitura pode apontar para um conflito que sai do controle ou para detalhes de uma discussão ou história que estão sendo exagerados para efeitos dramáticos. Apegue-se aos fatos para evitar mais drama ou conflito. Também pode apontar para uma resolução ou um acordo atingidos após uma discussão.

PARA REFLETIR
→ Qual é a sua relação com a competição?

SEIS *de* PAUS

Seu trabalho árduo está sendo recompensado. Deleite-se neste momento vitorioso, cercado por aqueles que o apoiam.

Após passar por um período de competição e oposição, você emerge vitorioso no Seis de Paus. Nesta carta, vemos um homem jovem em um cavalo branco, simbolizando pureza, cavalgando por entre uma multidão de apoiadores, erguendo cinco bastões em sua homenagem. O cavaleiro ergue o sexto bastão, ainda mais alto que os outros, e tanto ele quanto o bastão estão adornados com guirlandas de louro, símbolos da vitória. Os outros cinco na multidão ao redor dele são reminiscentes daqueles pertencentes aos cinco homens lutando no Cinco de Espadas, mas desta vez eles estão se reunindo para reconhecer a vitória e demonstrar apoio ao vencedor.

SIGNIFICADOS-CHAVE NA VERTICAL
Vitória, reconhecimento

SIGNIFICADOS-CHAVE QUANDO INVERTIDA
Sucesso adiado

NUMEROLOGIA
6, equilíbrio, harmonia

LEITURA GERAL

Conhecida como a carta da vitória, o Seis de Paus traz boas novas, especialmente após um período difícil. Uma característica importante desta carta é o foco em sentir orgulho dos seus feitos, reconhecendo seu sucesso e aceitando elogios de outras pessoas, sem sentir vergonha ou menosprezar o seu sucesso. Você trabalhou duro e merece o reconhecimento, então permita-se brilhar neste momento. Seu entusiasmo possui a habilidade de elevar o espírito dos outros também.

AMOR/RELACIONAMENTOS

Esta carta sinaliza uma relação forte ou um casal formado por pessoas admiráveis. Você está envolvido com um parceiro que combina com seu entusiasmo, sua paixão e intensidade, então aproveite esta relação dinâmica e empolgante. Você pode estar celebrando vitória e sucesso no amor após um período de tristeza ou decepções amorosas.

CARREIRA/DINHEIRO

Seus esforços no trabalho podem ter reconhecimento ou você pode receber uma promoção. Ou você pode ainda receber reconhecimento público em sua carreira. A prosperidade e um aumento nas finanças estão chegando após um período difícil. Sua disciplina e seu trabalho árduo estão sendo recompensados, então aproveite!

PESSOAL/ESPIRITUAL

Você está subindo de nível em diversas áreas de sua vida, aproveitando seu sucesso e sendo reconhecido pelo ótimo trabalho que você faz. Boas notícias estão chegando à sua casa ou à sua vida pessoal. Você está pronto para assumir um papel de liderança na sua comunidade ou em um grupo de interesses especiais.

INVERTIDA

O Seis de Paus invertido em sua leitura pode indicar um atraso em seu sucesso de alguma forma ou eventos não se desenrolando da forma como você os havia antecipado. Isso é decepcionante, mas apenas um contratempo temporário. O atraso é parte do processo, então continue seguindo o seu plano e trabalhando diligentemente. Você está quase lá, não desista agora!

PARA REFLETIR
→ Que sucesso você gostaria de estar celebrando agora?

SETE *de* PAUS

Defender suas crenças é uma parte necessária de afirmar-se na busca por seus objetivos. Você pode lidar com qualquer coisa que a vida puser em seu caminho.

Prepare-se para sair em defesa de sua posição com o Sete de Paus. Você verá um homem jovem usando seu bastão como uma arma para defender a si mesmo contra os seis bastões que estão contra ele. O jovem parece ter sido pego de surpresa, uma vez que ele está usando sapatos diferentes! A rota para o sucesso é uma jornada inteiramente diferente daquela que você começa quando atingiu uma meta, e agora inspira inveja em outras pessoas. A identidade dos agressores do jovem é um mistério, representando desafios ocultos que aparecerão inevitavelmente e devem ser enfrentados. Como você lida com estes obstáculos e oponentes determina que níveis de sucesso você poderá alcançar em breve.

SIGNIFICADOS-CHAVE NA VERTICAL
Defensividade, assertividade

SIGNIFICADOS-CHAVE QUANDO INVERTIDA
Hipervigilância, sentir-se derrotado

NUMEROLOGIA
7, estratégia, planejamento

LEITURA GERAL

O Sete de Paus lida com desafios inesperados e obstáculos que podem surgir em seu caminho, pedindo que você seja assertivo e estratégico em vez de agir defensivamente a respeito de seu trabalho duro e de sua reputação. Ser corajoso em face da adversidade e ouvir a sua intuição é a melhor forma de lidar com a pressão e aumentar o seu sucesso.

AMOR/RELACIONAMENTOS

A resolução de conflitos é uma dança delicada, mas não hesite em externar suas necessidades, e esteja disposto a ouvir as do seu parceiro. Desafios no relacionamento podem estar presentes, mas eles podem ser transpostos. Não tenha medo de encontrar dificuldades no amor. Em vez disso, seja assertivo, e deixe seus limites e intenções claros.

CARREIRA/DINHEIRO

Negociações por um aumento ou contrato podem atingir uma resolução bem-sucedida. No entanto, é importante que você se defenda e seja assertivo. Oposições ou desafios podem aparecer em sua carreira, mas eles são temporários. Você ainda pode superar este conflito e atingir suas metas.

PESSOAL/ESPIRITUAL

Desafios momentâneos convidam você a ser mais assertivo e corajoso em sua vida pessoal. Você pode se ver falando em nome de outras pessoas ou defendendo um amigo ou membro da família. Mantenha uma postura objetiva, concentre-se nos fatos e trabalhe para encontrar uma solução. Focar no problema vai fazer apenas com que você o protele.

INVERTIDA

O Seis de Paus invertido sugere que você está deixando sua raiva subir à cabeça, ou que você está sendo muito defensivo ou hipervigilante sobre suas crenças quando desafiado. Também pode apontar para sentir-se derrotado, assim como pode significar que se defender é inútil. Em vez de atacar quando provocado, você pode tender a internalizar sua raiva e frustração. Se é este o caso, considere escrever um diário sobre seus sentimentos e então propor uma conversa, depois que você teve a chance de se acalmar e investigar a situação. Suas emoções são válidas e merecem ser expressadas.

PARA REFLETIR

→ O que você supõe que o jovem do Sete de Paus esteja defendendo?

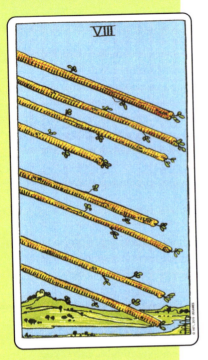

OITO *de* PAUS

Notícias que estão chegando desencadearão uma série de eventos que mudarão sua trajetória. Você se encontra onde precisa estar, e na companhia das pessoas certas. Flua com a correnteza.

O Oito de Paus transborda com a energia da pressa e da velocidade. Junto com os Ases e o Três de Espadas, é uma das únicas cartas do Arcanos Menores que não retrata pessoas. Isso coloca ênfase na ação em andamento. Nesta carta, você vê oito bastões com seus brotos voando pelo ar sobre um cenário pastoral adorável. Estes bastões carregam mensagens que podem vir na forma de cartas, ligações, e-mails, mensagens de texto ou notícias ouvidas dos lábios de um estranho que passa. Independente de como essas mensagens chegam, elas trazem um elemento de animação, acelerando eventos em sua vida e agitando sua rotina diária, muitas vezes de uma forma incrivelmente positiva.

SIGNIFICADOS-CHAVE NA VERTICAL
Movimento, ação rápida

SIGNIFICADOS-CHAVE QUANDO INVERTIDA
Desacelerar, exercitar a paciência

NUMEROLOGIA
8, movimento, transição

LEITURA GERAL

Há um elemento de espontaneidade no Oito de Paus que o deixa empolgado com um evento que está prestes a acontecer. Isso pode envolver viagens ou uma nova pessoa entrando em sua vida. Eventos acontecem rapidamente e as coisas parecem se encaixar sem que você precise insistir em um resultado específico. Relaxe e acompanhe a onda de euforia.

AMOR/RELACIONAMENTOS

Um novo parceiro pode estar prestes a entrar em sua vida a partir de uma série de eventos aleatórios. Você pode estar se sentindo animado para responder convites para eventos, ou pode ser chamado para encontros com várias pessoas ao mesmo tempo. Se há uma viagem em seu futuro, será para encontrar um parceiro.

CARREIRA/DINHEIRO

Uma ou múltiplas ofertas e ideias estão vindo até você, então pode ficar animado, mas tire um tempo para decidir quais você irá de fato escolher. Tudo está se acelerando em sua carreira, movendo-se em direção a novas e empolgantes oportunidades. Você está recebendo dinheiro de diversas fontes, e deve permanecer aberto a receber abundância de várias formas.

PESSOAL/ESPIRITUAL

Você tem um calendário social lotado, e está ocupado encontrando pessoas e se divertindo. A vida está se movendo muito rápido em direção às suas metas pessoais, então aproveite a maré e terá a energia de que precisa para aproveitar tudo o que a vida tem a oferecer. Você pode em breve viajar para algum lugar emocionante, talvez em uma viagem espontânea.

INVERTIDA

O Oito de Paus invertido pode indicar atrasos ou dificuldades emocionais que podem minar seu entusiasmo a respeito de algo que você estava esperando. Esses atrasos não são acidentais! Eles estão divinamente orquestrados para destacarem uma realização importante, algo que você precisa reconhecer antes de continuar em seu caminho. Talvez essa falta de movimento venha para lembrar a você de aproveitar o processo, em vez de focar apenas no resultado.

PARA REFLETIR

→ Quem pode estar mandando o Oito de Paus? E quem pode estar recebendo?

NOVE de PAUS

Apesar de contratempos e conflitos, você passou por muita coisa para chegar até aqui. O fim já está em sua linha de visão, então não desista ainda.

O Nove de Paus aparece quando você está resoluto, mas também um pouco exausto pela sua jornada. Oito bastões estão plantados ao solo, enquanto um homem cansado se apoia no nono, procurando suporte. Sua cabeça está enfaixada, e ele parece ter passado por uma provação e tanto. Ele para um pouco para reviver memórias de eventos que o trouxeram até este ponto, sabendo que tem pelo menos mais um trecho de aventuras a percorrer antes de poder relaxar completamente.

SIGNIFICADOS-CHAVE NA VERTICAL
Persistência, autoconfiança

SIGNIFICADOS-CHAVE QUANDO INVERTIDA
Desistência, atrasos

NUMEROLOGIA
9, próximo ao fim do ciclo, solidão

LEITURA GERAL

O Nove de Paus engloba todos os eventos, conflitos e triunfos com os quais você lidou até este ponto. Você pode estar exausto e se sentir pronto para desistir, mas você está quase lá! É tempo de procurar energia em suas reservas e usá-la para completar suas tarefas. Você é incrivelmente resiliente e pode lidar com qualquer desafio que surgir em seu caminho.

AMOR/RELACIONAMENTOS

Você esteve lidando com dificuldades que o impediram de experimentar a satisfação romântica. Talvez você esteja se sentindo solitário em seu relacionamento, ou o trabalho pode tê-lo deixado muito ocupado para conhecer pessoas ou você ainda pode estar se curando de um relacionamento anterior. O que quer que seja, o pior já passou e você quase pode ver a linha de chegada.

CARREIRA/DINHEIRO

Continue a persistir em suas metas. Este ciclo atual de conflito está chegando ao fim, então não desista. É tempo de cobrir os últimos passos para terminar um projeto ou finalizar um empreendimento. Retire força de suas reservas energéticas para chegar ao fim, e seu trabalho árduo será recompensado.

PESSOAL/ESPIRITUAL

Provações e obstáculos te ensinaram o quão autoconfiante e resiliente você pode ser, especialmente em assuntos pessoais. Voltar-se para a sua prática espiritual ou de bem-estar o ajudará a refletir sobre estas experiências para ver as dádivas escondidas em cada lição. Você está chegando ao fim de um conflito ou período difícil, então confie no processo.

INVERTIDA

O Nove de Paus invertido pode sugerir que você já desistiu de algo logo antes de atingir sua meta. O divino o exorta a não jogar a toalha, não importando quão opressivas as probabilidades pareçam ser. Esta inversão também pode alertar sobre agir de forma teimosa para fazer as coisas do seu jeito, impedindo que um ciclo se encerre. Mesmo se a outra pessoa parecer ser o problema, lembre-se de que você só pode controlar a si mesmo. Gentilmente observe suas reações e esteja disposto a assumir a responsabilidade pelo seu comportamento.

PARA REFLETIR

→ Que história a figura do Nove de Paus poderia contar a você a respeito das experiências que viveu?

DEZ *de* PAUS

*Esteja atento para não assumir responsabilidades demais.
É perfeitamente razoável dizer "não" para proteger a sua energia.*

Após buscar forças em suas reservas energéticas para um esforço de longo prazo, você se encontra além dos seus limites no Dez de Paus. Um homem se esforça para carregar um feixe de dez bastões, representando a tarefa difícil de tentar dar conta de diversas áreas de sua vida de uma única vez. Ele se dirige a uma bela casa à distância, mas sua cabeça está baixa: os bastões são pesados e estão obstruindo sua visão. Ele parece caminhar cegamente adiante, indo até o limite de sua força física. A cor azul da carta representa clareza mental, indicando que o homem sabe que precisa completar esta tarefa, não importando o quão desconfortável e estressante ela pareça no momento. A paz de espírito só poderá ser encontrada do outro lado desta experiência.

SIGNIFICADOS-CHAVE NA VERTICAL
Sobrecarga, fardos

SIGNIFICADOS-CHAVE QUANDO INVERTIDA
Pressão, exaustão

NUMEROLOGIA
10, ciclo completo

LEITURA GERAL

O Dez de Paus fala sobre os fardos de responsabilidade que carregamos, e sinaliza estar completamente sobrecarregado por aceitar tarefas demais. Este nível de esforço acaba cobrando um preço alto do corpo, do sistema nervoso e das emoções, não deixando nada para você ou para as pessoas que você ama. Considere suas motivações: por que você está se esforçando tanto? Aprender a pedir ajuda ou delegar responsabilidades o liberta para poder colocar energia de qualidade nas coisas que você mais gosta.

AMOR/RELACIONAMENTOS

Aceitar responsabilidades demais pode deixar você sem nenhum tempo pessoal, muito menos para conhecer outras pessoas. Isso pode estar afetando o seu relacionamento, e esta carta pede que você arranje mais tempo para o romance. Talvez você esteja carregando toda a responsabilidade e os deveres dentro de um relacionamento, e esteja se sentindo esgotado. Um parceiro pode estar colocando muita pressão em você, dependendo de você para apoio emocional e/ou financeiro.

CARREIRA/DINHEIRO

Você pode estar aceitando muitas tarefas no trabalho e vir a terminar em uma crise de esgotamento. Peça ajuda, sem duvidar de suas habilidades, e estabeleça limites para que você não trabalhe demais. Uma vez que você atinja o final de um projeto grande ou uma tarefa que tenha forçado os seus limites, você poderá descansar.

PESSOAL/ESPIRITUAL

Dizer sim para tudo e para todos o deixou se sentindo esgotado e sobrecarregado. Criar limites e dizer não pode parecer desconfortável no momento, mas é muito mais sustentável do que carregar sozinho o peso do mundo. Você pode estar assumindo quantidades inacreditáveis de responsabilidade em um projeto criativo para atingir suas metas.

INVERTIDA

O Dez de Paus invertido em sua leitura pode indicar que você está colocando uma pressão tremenda em si mesmo para ser bem-sucedido, ou que você possui tendências perfeccionistas que o levarão à exaustão extrema e ao esgotamento. Tente pegar para si apenas aquilo com o que você consegue lidar, sem julgar a sua produtividade ou comparar-se com outras pessoas. Equilibre atividades que tragam felicidade com aquelas que precisam ser feitas, e diga "não" ao restante.

PARA REFLETIR

→ Em que ponto você esteve aceitando responsabilidades demais?

VALETE de PAUS

O mensageiro do fogo traz notícias empolgantes. Esteja aberto a oportunidades inusitadas.

O Valete de Paus está cheio de uma energia juvenil, e representa uma criança ou pessoa mais jovem ou ainda uma mensagem de sua criança interior, o exortando a ser mais brincalhão e aventureiro. O jovem Valete está parado, olhando para o seu bastão como se estivesse imaginando os incontáveis usos que ele pode ter. É raro vê-lo em contemplação, imóvel, uma postura que revela a conexão dele com o elemento da terra. Ele é tão realista quanto curioso, uma combinação que o permite brincar sem se ferir, como é sinalizado em sua túnica com estampa de salamandras – criaturas com pele à prova de fogo.

SIGNIFICADOS-CHAVE NA VERTICAL
Impulsividade, senso de aventura

SIGNIFICADOS-CHAVE QUANDO INVERTIDA
Não confiável, pressa

COMBINAÇÕES ELEMENTAIS-CHAVE
Terra e *fogo*. *Terra* significa que o Valete está conectado à natureza e à estabilidade, e seu lugar no naipe de Paus o conecta ao *fogo*, que representa a paixão e a ação.

LEITURA GERAL

O Valete de Paus é centrado, mas também é brincalhão, alguém que vê o mundo através das lentes da curiosidade. Boas notícias, possivelmente por e-mails, textos, chamadas telefônicas ou conversas diretas estão chegando para você. Esteja aberto a experiências criativas, novas oportunidades e a expressar-se de formas que sejam inovadoras e dinâmicas.

AMOR/RELACIONAMENTOS

Você se sente atraído por um parceiro que é divertido e extrovertido, falante e pronto para viver aventuras, embora essa pessoa talvez possa ser incapaz de cumprir suas promessas grandiosas. Ações falam mais alto que palavras. Reservar um tempo para atividades divertidas em sua relação existente pode aproximá-lo de seu parceiro.

CARREIRA/DINHEIRO

Um emprego ou uma oportunidade está chegando à sua vida, e vai reacender a paixão por aquilo que você faz. Você pode estar se sentindo muito ocupado e precisando priorizar as suas tarefas, então implemente práticas de gerenciamento de tempo para dar conta de seu trabalho. Certifique-se de que você poderá cumprir suas promessas.

PESSOAL/ESPIRITUAL

Um tempo empolgante de novos começos está a caminho, mas ele requer uma abordagem cautelosa. Tente não se comprometer demais: pense antes de responder e certifique-se de que você terá tempo e energia para cumprir seus acordos. Entre em contato com sua criança interior ao revisitar as atividades que você amava quando era jovem. Passar tempo com crianças pode ser uma estratégia de cura para você.

INVERTIDA

O Valete de Paus invertido em sua leitura pode indicar a tomada de ações impulsivas antes de ter um plano apropriado a ser seguido. Isso o leva a desapontar a si mesmo e aos outros, dando a você, ou a outra pessoa, a reputação de pouco confiável. Todo mundo faz isso às vezes! Comprometa-se apenas com o que você sabe que terá energia para finalizar. Isso pode se relacionar com uma criança em sua vida ou alguém se comportando de forma infantil, reclamando sobre as responsabilidades que tem em vez de focar na tarefa em mãos.

PARA REFLETIR
→ No que você pensa que o Valete de Paus vai se meter?

CAVALEIRO *de* PAUS

A busca por ação leva este Cavaleiro a arremeter e tomar a liderança, entregando resultados rápidos.

Os Cavaleiros no tarô estão retratados em seus cavalos, retornando de uma missão nobre para apresentar a você o item elemental que você requisitou. No Cavaleiro de Paus, a combinação de ar e fogo incendeia uma chama intensa, impulsionando-o a agir audaciosamente sem medo de se ferir. As salamandras em sua túnica, símbolos da pele à prova de fogo desta criatura, protegem o Cavaleiro de Paus para além da armadura que ele veste. Ele cavalga rapidamente atravessando um terreno estéril, segurando um bastão com brotos, símbolo de novas ideias e crescimento. Este Cavaleiro é passional e corajoso, e transforma as palavras em ação para realizar o serviço. Às vezes, ele pode ser um pouco ambicioso e apressado demais, mas normalmente seu sucesso está assegurado.

SIGNIFICADOS-CHAVE NA VERTICAL
Ação rápida, paixão

SIGNIFICADOS-CHAVE QUANDO INVERTIDA
Duvidar de si mesmo, hesitação

COMBINAÇÕES ELEMENTAIS-CHAVE
Ar e *fogo*. O *ar* significa a conexão do Cavaleiro com a comunicação, enquanto seu lugar no naipe de Paus o conecta ao *fogo*, que representa a paixão e a ação.

LEITURA GERAL

O Cavaleiro de Paus indica que chegou o tempo de agir para concretizar suas ideias e seus projetos. Considere esta carta um sinal verde para começar! Uma vez que você tenha dado o primeiro passo, note como todo o restante começa a ganhar velocidade e te impulsiona na direção que você escolheu. Tenha confiança em si ou em outros que podem vir a apoiá-lo. Se você se sente bloqueado ou estagnado, esta energia vem para reacender a fagulha da paixão e guiá-lo em direção às suas metas. Preste atenção em seus impulsos intuitivos e aja a partir deles, sem hesitação.

AMOR/RELACIONAMENTOS

Um parceiro charmoso e passional pode estar tentando conquistá-lo de forma ostensiva. Um novo relacionamento pode estar evoluindo muito rápido, mas tente aproveitar o momento sem se deixar arrebatar, uma vez que esse tipo de ritmo não é sustentável a longo prazo. Você pode conhecer alguém enquanto viaja, ou descobrir que viajar com seu parceiro atual pode reacender a faísca entre vocês.

CARREIRA/DINHEIRO

Os negócios estão melhorando rapidamente. Seguir sua intuição nos negócios o levará a maiores lucros, e seu instinto pode guiá-lo às próximas ações que o levarão ao sucesso. Você está aproveitando o progresso após um período de estagnação, então aja quando solicitado. Um novo projeto, possivelmente de natureza criativa, vai despertar o seu entusiasmo e motivá-lo.

PESSOAL/ESPIRITUAL

Você está ocupado aproveitando o movimento e a ação para as suas metas, possivelmente mudando de casa. Boas notícias e apoio estão a caminho para auxiliar em seu progresso se você está se sentindo atrasado ou estagnado em uma situação. Seu entusiasmo pela vida em geral está finalmente retornado, dando a você energia extra para se aplicar às suas paixões.

INVERTIDA

O Cavaleiro de Paus invertido em sua leitura pode indicar que você duvida de si mesmo de uma forma geral, mas, mais provavelmente, está relacionado a uma meta específica ou a uma situação que não progrediu da forma que você imaginou que aconteceria. Atrasos e mal-entendidos são partes da vida, não sinais para desistir. Pode haver uma rota melhor de ação a ser seguida, então tenha paciência e faça um uso melhor do seu tempo ao recorrer à sua intuição para receber orientações.

PARA REFLETIR

→ O que você gostaria que o Cavaleiro de Paus trouxesse para você?

RAINHA de PAUS

A energia feminina da criatividade intuitiva e da inteligência emocional combinada com a paixão e a ação centrada no coração são aspectos da Rainha de Paus.

No tarô, as Rainhas representam a energia feminina, que inclui receptividade, criatividade, cuidado e amor. A adição do elemento fogo, combinada com a água intuitiva, dá a esta Rainha poderes tanto ativos quanto receptivos. A Rainha de Paus está sentada de frente para o espectador, demonstrando confiança em vez de passividade. Seu olhar se volta para a esquerda, a direção da intuição, símbolo de sua conexão com a água e a energia feminina. Esta combinação poderosa é muito parecida com a do Mago, que canaliza o divino para manifestar sua realidade, e a Rainha de Paus tem sido historicamente referida como a "bruxa do tarô" por esse motivo. No caso, o termo "bruxa" se refere à capacidade de manifestação, e não está vinculado a uma religião específica. O gato preto ao seu lado, conhecido como o familiar da bruxa, ecoa esse apelido propriamente dado.

SIGNIFICADOS-CHAVE NA VERTICAL
Criatividade, ambição

SIGNIFICADOS-CHAVE QUANDO INVERTIDA
Sentir-se indigno, bloqueios criativos

COMBINAÇÕES ELEMENTAIS-CHAVE
Água e *fogo*. A *água* significa a conexão da Rainha com o amor e as emoções, enquanto seu lugar no naipe de Paus a conecta ao *fogo*, que representa a paixão e a ação.

LEITURA GERAL

A Rainha de Paus indica um convite para que você aceite completamente o seu potencial, reconheça sua ambição e se permita assumir oportunidades de liderança. Enquanto você reivindica o seu poder, saiba que está sendo guiado e protegido, agora e sempre. Sua confiança e seu senso de valor estão elevados, e sua realidade corresponderá a esta energia.

AMOR/RELACIONAMENTOS

Você está se sentindo atraído por um parceiro compassivo, forte e confiante. Ele é estável e bem-sucedido, e isso é empolgante e talvez intimidador. Saiba que vocês fazem um bom par energeticamente falando, e aproveite esta conexão. Reconhecendo seu poder dentro de um relacionamento, você pode descobrir que é mais forte do que imagina.

CARREIRA/DINHEIRO

Você está se sentindo poderoso, e aproveitando o reconhecimento em seu local de trabalho. Se você é um empreendedor ou dono de um negócio, ouça a sua intuição para aumentar o seu negócio e trabalhe para que a sua prosperidade aumente. Sua criatividade e seu entusiasmo são partes importantes do seu sucesso, para você e para inspirar outras pessoas. Considere assumir uma posição de liderança ou uma oportunidade de falar em público, caso ela se apresente.

PESSOAL/ESPIRITUAL

Concentre-se em cultivar seus poderes intuitivos dentro de sua prática espiritual para manifestar seus sonhos em realidade. Isso pode significar passar um tempo na natureza para purificar sua energia e seu espírito, antes de retornar às suas responsabilidades. Tome a iniciativa de trabalhar com quaisquer bloqueios em sua autoestima e em seu senso de autovalorização. Você está se tornando mais confiante, o que o levará a um imenso crescimento pessoal e à melhora em suas relações.

INVERTIDA

A Rainha de Paus invertida em sua leitura pode indicar duvidar de seus valores ou sentir que os outros não reconhecem as suas qualidades. Uma vez que você começa a cultivar a crença em si mesmo, você começará a ver uma mudança em sua confiança, que o capacita a agir em seu próprio favor. Outros podem reconhecer essa transformação e aproximar-se de você com mais respeito e admiração.

PARA REFLETIR

→ O que você deseja criar aproveitando a energia passional da Rainha de Paus?

REI *de* PAUS

Energia masculina saudável, de confiança, lealdade e liderança, enquanto age de um lugar de estabilidade e integridade, são os valores do Rei de Paus.

No tarô, Reis são mestres em seus naipes, representando estabilidade, autoridade e uma saudável energia masculina. O Rei de Paus representa o duplo elemento fogo, simbolizando ambição e ação. O Rei está sentado em seu trono decorado com leões e salamandras, simbolizando força e proteção. Olhando à distância, ele parece estar pronto para entrar em ação a qualquer momento, com uma salamandra viva ao seu lado para se juntar a ele em batalha, se necessário. Ainda que o Rei de Paus tenha experimentado diversas atividades, ele sabe como delegar tarefas e resguardar a própria energia.

SIGNIFICADOS-CHAVE NA VERTICAL
Poder, autoridade

SIGNIFICADOS-CHAVE QUANDO INVERTIDA
Abuso de poder, *bullying*

COMBINAÇÕES ELEMENTAIS-CHAVE
Fogo e *fogo*. O *fogo* significa a conexão do Rei com a paixão, a ação e a liderança, enquanto seu lugar no naipe de Paus também o conecta com o *fogo*, dando a ele uma dose dupla de liderança passional em ação.

LEITURA GERAL
O Rei de Paus pode representar uma pessoa que incorpore as qualidades de liderança, autoridade, estabilidade e calma em face a adversidade, ou esta carta pode estar pedindo que você assuma um papel de autoridade em alguma área de sua vida. Ao confiar em seus instintos com maturidade e confiança, você pode agir com propriedade e entusiasmo. Preste atenção a como você reage próximo de pessoas que apresentam essas características.

AMOR/RELACIONAMENTOS
Você está encantado por um parceiro carismático que incorpora as qualidades de estabilidade, autoridade e sucesso. Vocês podem estar destinados a uma relação madura baseada em lealdade, tomada de ações e estabilidade. Há uma forte paixão e desejo entre você e seu parceiro, mas tome cuidado com o choque de egos. Se vocês dois estão tentando tomar a liderança, ceda se necessário.

CARREIRA/DINHEIRO
Esta carta mostra você como um empreendedor, ou tomando iniciativa e dando os primeiros passos em direção a um objetivo. Você pode se encontrar liderando uma equipe e tendo apoio no local de trabalho. Permaneça fiel a sua integridade natural, uma vez que tantas pessoas confiam em sua força e habilidades. Esta carta indica que você está fazendo um progresso tremendo em sua carreira ou subindo de nível em uma empresa.

PESSOAL/ESPIRITUAL
Você está entrando em um período propício para agir com base em sua intuição, confiando afirmativamente em si mesmo. Isso pode envolver viagens, especialmente viagens solo. Você está trabalhando arduamente para dominar suas respostas e reações aos outros, em vez de perder a cabeça. Isso pode significar que você está se sentindo mais confiante em seus talentos e em seu ofício.

INVERTIDA
O Rei de Paus invertido pode apontar para exibições pouco saudáveis de energia masculina, assim como abuso de poder em uma situação, guardar ressentimentos ou agir como um valentão. A energia masculina saudável entende a responsabilidade de estar em uma posição de poder e busca capacitar outros a agirem com integridade. Ouça a sua intuição para ver de onde essa energia egoísta e opressiva pode estar vindo.

PARA REFLETIR
→ Que tipo de coisas em sua vida requerem sua atenção e ação?

Guia de Referência Rápida

ARCANOS MAIORES

PÁGINA	CARTA	SIGNIFICADO VERTICAL	SIGNIFICADO INVERTIDA
56	*0* ★ O LOUCO	Novo começo, liberdade	Ingenuidade, medo de mudança
58	*1* ★ O MAGO	Manifestação, criação, ação inspirada	Desconexão com o poder pessoal, manipulação
60	*2* ★ A SACERDOTISA	Intuição, autoconhecimento	Desconexão com a intuição, recusar-se a olhar para dentro
62	*3* ★ A IMPERATRIZ	Recebendo amor, criatividade	Desconexão, bloqueios criativos
64	*4* ★ O IMPERADOR	Ação inspirada, poder pessoal	Inabilidade de agir ou defensividade/ reatividade
66	*5* ★ O HIEROFANTE	Professor, tradição	Crenças rígidas, recusar-se a aprender

PÁGINA	CARTA	SIGNIFICADO VERTICAL	SIGNIFICADO INVERTIDA
68	6 * OS ENAMORADOS	Relacionamento, alinhamento	Desarmonia, desequilíbrio
70	7 * O CARRO	Ação inspirada, impulso	Inabilidade de seguir em frente, estagnação
72	8 * FORÇA	Superação de obstáculos, resistência	Inquietação, falta de confiança
74	9 * O EREMITA	Sabedoria, retirar-se do mundo por vontade própria	Solidão, isolamento
76	10 * RODA DA FORTUNA	Ciclos, mudança	Atrasos, reveses
78	11 * JUSTIÇA	Verdade, equilíbrio	Desequilíbrio, tratamento injusto

GUIA DE REFERÊNCIA RÁPIDA

PÁGINA	CARTA	SIGNIFICADO VERTICAL	SIGNIFICADO INVERTIDA
80	12 * O ENFORCADO	Espera, mudança de perspectiva	Impaciência, inércia
82	13 * MORTE	Transformação, liberação	Apegar-se ao passado, recusar-se a mudar
84	14 * TEMPERANÇA	Moderação, harmonia, tempo divino	Desequilíbrio, forçando para obter resultados
86	15 * O DIABO	Sabotagem, vício	Desprendimento, libertação
88	16 * A TORRE	Perturbação, mudança súbita	Agarrar-se ao velho, medo de deixar ir

PÁGINA	CARTA	SIGNIFICADO VERTICAL	SIGNIFICADO INVERTIDA
90	17 ⁕ A ESTRELA	Esperança, cura	Perda da fé, desconexão com a fonte
92	18 ⁕ A LUA	Sonhos, ilusões	Superando dificuldades, recusando-se a reconhecer a verdade
94	19 ⁕ O SOL	Clareza, otimismo	Pessimismo, confusão
96	20 ⁕ JULGAMENTO	Despertar, aceitação	Duvidar de si mesmo, ressentimento
98	21 ⁕ O MUNDO	Fim de ciclo bem-sucedido, colheita de frutos	Ação incompleta, celebração adiada

GUIA DE REFERÊNCIA RÁPIDA ⁕ 225

ARCANOS MENORES: *Copas*

PÁGINA	CARTA		SIGNIFICADO VERTICAL	SIGNIFICADO INVERTIDA
102	ÁS DE COPAS		Novo amor, relacionamentos	Esgotamento, decepção
104	DOIS DE COPAS		Parceria, união	Desarmonia, término
106	TRÊS DE COPAS		Celebração, união	Sentindo-se emocionalmente drenado, excesso de indulgência
108	QUATRO DE COPAS		Apatia, estagnação	Recusar-se a mudar, preso em um mau humor
110	CINCO DE COPAS		Luto, tristeza	O ponto positivo diante da tragédia, seguindo em frente
112	SEIS DE COPAS		Harmonia, memórias	Nostalgia, vivendo no passado

226 ✳ GUIA DE REFERÊNCIA RÁPIDA

PÁGINA	CARTA	SIGNIFICADO VERTICAL	SIGNIFICADO INVERTIDA
114	SETE DE COPAS	Possibilidades, sonhando acordado	Ilusões, confusão
116	OITO DE COPAS	Indo embora, seguindo em frente	Segurando-se ao velho, evitando mudança
118	NOVE DE COPAS	Satisfação, abundância	Excesso de indulgência, arrogância
120	DEZ DE COPAS	Felicidade, contentamento	Desarmonia
122	VALETE DE COPAS	Mensagens de amor, personalidade brincalhona, inteligência emocional	Imaturidade, hipersensibilidade
124	CAVALEIRO DE COPAS	Oferendas emocionais, velocidade	Perfeccionismo, decepção

PÁGINA	CARTA	SIGNIFICADO VERTICAL	SIGNIFICADO INVERTIDA
126	RAINHA DE COPAS	Maternal, energia feminina	Desconfiança, distância emocional
128	REI DE COPAS	Estabilidade emocional, empatia	Desconfiança, falta de limites

ARCANOS MENORES: *Ouros*

PÁGINA	CARTA	SIGNIFICADO VERTICAL	SIGNIFICADO INVERTIDA
132	ÁS DE OUROS	Novos começos, abundância	Abundância adiada
134	DOIS DE OUROS	Equilíbrio, estabilidade	Tensão, irresponsabilidade
136	TRÊS DE OUROS	Sucesso, novas portas se abrindo	Esgotamento, falta de confiança

PÁGINA	CARTA	SIGNIFICADO VERTICAL	SIGNIFICADO INVERTIDA
138	QUATRO DE OUROS	Construindo estabilidade, conservando recursos	Materialismo, comportamentos controladores
140	CINCO DE OUROS	Focando no que está faltando, sentindo-se física ou financeiramente esgotado	Superando desafios e seguindo em frente
142	SEIS DE OUROS	Generosidade, partilha de recursos	Generosidade interesseira, desigualdade
144	SETE DE OUROS	Crescimento, paciência	Impaciência, procrastinação
146	OITO DE OUROS	Trabalho duro, produtividade	Esgotamento, trabalhar demais, ser subvalorizado
148	NOVE DE OUROS	Sucesso, prazer	Materialismo, falta de apreciação

GUIA DE REFERÊNCIA RÁPIDA

PÁGINA	CARTA	SIGNIFICADO VERTICAL	SIGNIFICADO INVERTIDA
150	DEZ DE OUROS	Riqueza, família, herança	Perda, ruptura com a tradição
152	VALETE DE OUROS	Manifestação, inícios sólidos	Procrastinação, não ter um plano sólido
154	CAVALEIRO DE OUROS	Abundância a longo prazo, progresso estável	Hesitação, complacência
156	RAINHA DE OUROS	Generosidade, confiabilidade	Materialismo, não confiável
158	REI DE OUROS	Riqueza, generosidade	Ganância, autocentramento

ARCANOS MENORES: *Espadas*

PÁGINA	CARTA	SIGNIFICADO VERTICAL	SIGNIFICADO INVERTIDA
162	ÁS DE ESPADAS	Clareza, novas ideias	Confusão, indecisão
164	DOIS DE ESPADAS	Indecisão, autoproteção	Manipulação, intuição bloqueada
166	TRÊS DE ESPADAS	Tristeza, dor	Recuperação, liberação da dor
168	QUATRO DE ESPADAS	Descanso, introspecção	Impossibilidade de descansar, evitando a autorreflexão
170	CINCO DE ESPADAS	Conflito, discussões	Libertação, deixando ressentimentos de lado
172	SEIS DE ESPADAS	Seguindo em frente, embarcando em uma jornada de cura	Dificuldades para seguir em frente, permanecer no lugar

GUIA DE REFERÊNCIA RÁPIDA ✳ 231

PÁGINA	CARTA	SIGNIFICADO VERTICAL	SIGNIFICADO INVERTIDA
174	SETE DE ESPADAS	Engano, estratégia	Desorganização, paranoia
176	OITO DE ESPADAS	Sentindo-se preso, restrição	Libertação, hesitação
178	NOVE DE ESPADAS	Ansiedade, preocupação	Desesperança, desespero
180	DEZ DE ESPADAS	Finais, novos começos	Finais adiados, agarrando-se ao passado
182	VALETE DE ESPADAS	Entusiasmo, vontade de aprender	Fofoca, defensividade
184	CAVALEIRO DE ESPADAS	Procura da verdade, assertividade	Intromissão, agressividade

PÁGINA	CARTA	SIGNIFICADO VERTICAL	SIGNIFICADO INVERTIDA
186	RAINHA DE ESPADAS	Decisão, honestidade	Crítica, defensividade
188	REI DE ESPADAS	Ambição intelectual, liderança	Controle, julgamento

ARCANOS MENORES: *Paus*

PÁGINA	CARTA	SIGNIFICADO VERTICAL	SIGNIFICADO INVERTIDA
192	ÁS DE PAUS	Inspiração, criatividade	Hesitação, atrasos
194	DOIS DE PAUS	Escolha, planos futuros	Impaciência, falta de planejamento
196	TRÊS DE PAUS	Expansão, crescimento	Atrasos, decepções

PÁGINA	CARTA	SIGNIFICADO VERTICAL	SIGNIFICADO INVERTIDA
198	QUATRO DE PAUS	Celebração, eventos especiais	Retornando para a felicidade do presente
200	CINCO DE PAUS	Competição, rivalidade	Exagero, encontrar uma solução
202	SEIS DE PAUS	Vitória, reconhecimento	Sucesso adiado
204	SETE DE PAUS	Defensividade, assertividade	Hipervigilância, sentir-se derrotado
206	OITO DE PAUS	Movimento, ação rápida	Desacelerar, exercitar a paciência
208	NOVE DE PAUS	Persistência, autoconfiança	Desistência, atrasos

PÁGINA	CARTA	SIGNIFICADO VERTICAL	SIGNIFICADO INVERTIDA
210	DEZ DE PAUS	Sobrecarga, fardos	Pressão, exaustão
212	VALETE DE PAUS	Impulsividade, senso de aventura	Não confiável, pressa
214	CAVALEIRO DE PAUS	Ação rápida, paixão	Duvidar de si mesmo, hesitação
216	RAINHA DE PAUS	Criatividade, ambição	Sentir-se indigno, bloqueios criativos
218	REI DE PAUS	Poder, autoridade	Abuso de poder, *bullying*

Recursos

EU COMPILEI UMA lista útil de livros, baralhos de tarô, lojas e sites que são ótimos para iniciantes que buscam continuar sua jornada do tarô através de experiências práticas. Estes livros clássicos fazem parte da minha biblioteca pessoal e me ensinaram muito ao longo dos anos. Enquanto meu primeiro baralho de tarô foi uma cópia do clássico Rider Waite Smith usado neste livro, também indiquei alguns dos meus baralhos modernos favoritos. Esses baralhos apresentam diversidade, inclusão e foco em desenvolvimento intuitivo em vez de defender a tradição, oferecendo novas perspectivas através das lentes interpretativas de seus artistas. Misturar a sabedoria tradicional com a experiência contemporânea expandiu minha prática pessoal, e me sinto feliz em poder compartilhar meus recursos com você.

Livros de Tarô

21 WAYS TO READ A TAROT CARD
[21 Maneiras de ler uma carta de tarô] por Mary K. Greer
www.marykgreer.com

Uma abordagem interativa fantástica para ler tarô que se concentra tanto na sabedoria tradicional quanto nas interpretações pessoais. Greer usa uma variedade de métodos "fora da caixinha" para que você possa se conectar com seu baralho e expandir sua prática.

SABEDORIA DO TARÔ: ensinamentos espirituais
e significados mais profundos por Rachel Pollack
www.rachelpollack.com

Um olhar aprofundado sobre as obras de arte, interpretações e histórias pessoais de vários baralhos de tarô clássicos e modernos de uma das vozes mais respeitadas do tarô. O livro de Pollack *78 Graus de Sabedoria* é considerado a "bíblia do tarô" por muitos, e também é um excelente livro de referência. Este livro, no entanto, inclui várias tiragens inspiradas e se concentra no aspecto narrativo do tarô. Eu recomendo ambos efusivamente.

THE TAROT: history, symbolism, and divination
[O tarô: história, simbolismo e divinação] por Robert Place
www.robertmplacetarot.com

Uma história completa e aprofundada das origens do tarô, este livro concentra-se nos muitos símbolos místicos presentes em cada carta de tarô, e oferece informações sobre sua totalidade esotérica. Place combina sua atenção à exatidão histórica com suas próprias iluminações intuitivas, oferecendo seus consagrados métodos de leitura de três cartas.

Baralhos de Tarô

THE MOON VOID TAROT
[O tarô da lua fora de curso] por Stephanie Caponi
www.moonvoidtarot.com

Um baralho contemporâneo, com obras de arte em preto e branco, que segue a jornada de uma personagem central através do tarô. Este é um baralho perfeito para o trabalho de sombras e autorreflexão. O guia enfatiza a combinação entre tarô e astrologia, oferecendo várias tiragens exclusivas.

TARÔ DA BRUXA MODERNA por Lisa Sterle
www.lisasterle.com

Esta versão contemporânea das imagens de Rider Waite Smith apresenta uma diversidade inovadora e um elenco de personagens totalmente feminino/fluido, incorporando os arquétipos clássicos em ambientações modernas e facilmente reconhecíveis.

THE WILD UNKNOWN TAROT
[O tarô do selvagem desconhecido] por Kim Krans
www.thewildunknown.com

Um novo clássico que enfatiza a natureza e apresenta animais em vez de humanos. Este baralho e seu guia são belamente ilustrados e apresentam interpretações simples, focando nos elementos e na natureza.

SOUL CARDS TAROT
[Tarô das cartas da alma] por Kristine Fredheim
www.soulcardstarot.com

Este lindo baralho de tarô minimalista é uma versão contemporânea do Tarô de Marselha, apresentando lindos gráficos abstratos e nenhuma figuração. Está disponível em rosa "*blush*" ou preto "*meia-noite*".

Lojas físicas e on-line*

> * No Brasil, há diversas lojas, especialmente *on-line*, que oferecem inúmeras opções de baralhos de tarô nacionais e importados. Em uma breve pesquisa na internet, você poderá localizar as opções disponíveis e eleger aquelas com que você mais se identifique. (N.E.)

CATLAND BOOKS
www.catlandbooks.com

A principal livraria ocultista do Brooklyn e boticário. Pesquise todo o catálogo de baralhos de tarô, livros especializados e zines independentes não encontrados em qualquer outro lugar.

HAUS WITCH
www.hauswitch.com

O popular posto avançado de Salem, vendendo de um tudo, de baralhos de tarô a peças de decoração contemporânea que vão infundir magia em cada canto da sua casa.

LITTLE RED TAROT
www.littleredtarot.com

Varejista *on-line* com sede no Reino Unido e blog de longa data com informações e postagens sobre uma ampla gama de tópicos de tarô, para além de estocar uma impressionante coleção de baralhos indie de tarô e oráculos para compradores estrangeiros.

PHOENIX & LOTUS
www.phoenix-lotus.com

Varejista *on-line* com foco em designers independentes, oferecendo uma curadoria maravilhosa de seleção de baralhos indie de tarô e oráculos.

Sobre a autora

STEFANIE CAPONI é uma escritora e ilustradora intuitiva. Ela lê tarô há mais de 20 anos e se estabeleceu como taróloga profissional após criar o seu primeiro baralho, o *Moon Void Tarot* [O Tarô da Lua Fora de Curso]. Sua atuação profissional está centrada na exploração do trabalho da sombra, da cura e da criatividade, usando o tarô para acessar os domínios ocultos da personalidade. Além de seu trabalho com o tarô, ela também é astróloga e ávida praticante de magia há mais de 10 anos, combinando arte com seu interesse em tarô, astrologia e simbolismos ocultos como um meio expressivo de curar a si mesma e aos outros. Além de seu trabalho pessoal com o *Moon Void Tarot*, ela ilustrou as séries para jovens adultos *All Our Hidden Gifts* e *The Gifts That Bind Us* (Walker Books). Stefanie mora no Brooklyn, em Nova York, com o seu parceiro Sean e seus dois gatos, Onyx e Luna.

Este livro foi impresso pelo Lar Anália Franco (Grafilar)
nas fontes Adobe Caslon Pro, Caslon Antique,
Helvetica Neue LT Pro e Rare Bird Specimen V
sobre papel Offset 120 g/m²
para a Mantra no inverno de 2025.